QR코드
마케팅

QR코드
마케팅

스마트폰 시대의 마케팅 기회

김형택 지음

프롤로그

QR코드, 스마트폰 시대의 마케팅 기회

길거리나 지하철을 다니면서 바코드와 비슷하지만 어딘지 다른 사각형의 격자무늬가 눈에 들어오기 시작했다. 호기심 가득히 이게 뭐지 하는 궁금증을 품은 지 한참 지나 그것이 'QR코드'라는 사실을 알게 되었다. 바코드와 같은 형태이지만 좀 더 많은 정보를 담을 수 있고 인터넷 연결이 가능한 2차원 바코드라는 것을 말이다.

그렇게 잠시 또 잊고 지내다 현대자동차가 신형 아반떼 출시에 맞추어 제작한 디자인 QR코드 홍보 포스터를 우연히 보게 되었다. 그 순간 QR코드가 단순히 인터넷과 연결되는 매개체가 아니라 인터랙티브 마케팅 커뮤니케이션의 접점 역할을 할 수 있다는 사실을 깨달았다.

이러한 생각으로 QR코드가 보일 때마다 무조건 찍어보기 시작했다. 그러나 얼마 안 지나 실망을 느끼게 되었다. 기대와는 달리, 많은 기업이 QR코드를 마케팅 커뮤니케이션 수단으로 제대로 활용하지 못하고 있었다. 스캔 위치나 거리를 고려하지 않아 무용지물인 QR코드가 부지기수였고, 막상 스캔을 해도 빽빽한 정보만 있을 뿐 고객이 체험하고 참여할 수 있는 연결 접점이 제대로 구현되어 있지 않았다. 실망스럽게도 기업들은 QR코드로 대체 무엇을 하고 싶은지에 대해 전략적 목적이 없는 듯했고, 고객에게 QR코드를 찍어야 할 가치도 제공하지 못하고 있었다. 이에 이 책을 통해 마케터로서

QR코드를 마케팅 커뮤니케이션에 어떻게 활용할지에 관해 나름의 해답을 찾아보고자 시도하였다.

다시 말해 QR코드가 기존 오프라인 미디어와 디지털미디어를 연결해 고객 접점을 더 확대해줄 수 있지 않을까 하는 생각과 고객의 의사결정을 도와 더 빠르게 구매를 유도할 수 있지 않을까 등의 고민을 나름대로 풀어보았다. 더불어 실무현장에서 QR코드를 활용한 마케팅 캠페인을 기획할 때 전략 수립부터 효과 측정까지 하나하나 꼼꼼히 체크할 수 있도록 'QR코드 마케팅 캠페인 체크리스트'를 정리해두었다.

QR코드 마케팅은 QR코드를 화려하게 꾸미고 디자인하는 것이 전부가 아니다. 고객 접점과 매체를 통합하여 고객의 니즈를 해결하고 고객과 소통할 수 있는 방안을 고민하는 '통합 마케팅 커뮤니케이션IMC' 차원에서 접근해야 한다는 사실을 인식했으면 하는 바람이다. 마지막으로 이 책이 나오기까지 여러 모로 조언과 격려를 주신 모든 분께 감사드린다.

마켓캐스트 대표 김형택trend@webpro.co.kr

목차

프롤로그

**Part 1 QR코드의
이해에서 제작까지**

1. QR코드란 무엇인가? 12
　　바코드의 한계를 극복한 2차원 코드 **13**
　　QR코드의 장점 **20**
　　QR코드의 구조 **25**

2. QR코드 제작 및 인쇄 29
　　QR코드 무료로 제작하기 **30**
　　디자인 QR코드 제작 프로세스 **37**
　　QR코드 제작 및 인쇄 시 주의사항 **41**
　　QR코드 인식 앱에 대한 고려 **46**
　　QR코드를 스캔하는 환경에 대한 고려 **48**

Special Page ● 디자인 QR코드 특허권 문제 **50**

Part 2 QR코드 마케팅 전략

1. 마케팅 커뮤니케이션으로서의 QR코드의 장점 54

고객 참여를 통한 즉각적인 반응 유도 56

다양한 미디어와 상호작용을 통한 통합 마케팅 커뮤니케이션 58

소비자 의사결정 과정에 유연하게 관여 60

구매 증대에 효과적으로 활용 61

기존 광고와 차별화된 고객의 자발적인 참여 유도 62

다양한 디자인을 통한 브랜드 아이덴티티 강화 64

인쇄 매체의 한계를 극복할 수 있는 대안 66

편리한 매체별 고객 접점 파악 및 효과 측정 67

2. QR코드 마케팅 활용 사례 분석 69

제품 상세정보의 전달을 통한 고객의 인지 강화 69

경험 및 체험 유도를 통한 차별화된 가치 소구 71

마케팅 커뮤니케이션 강화를 위한 스토리텔링 72

기업의 브랜드 아이덴티티 및 이미지 구축 73

신규 및 휴면 고객 활성화 75

제품의 사용 및 반복 구매 증대 76

이(異)업종과의 공동 마케팅을 통한 시너지 효과 77
　　높은 이식성을 활용한 바이럴 마케팅 78
　　즉시성에 기인한 효과적인 게릴라 마케팅 81

3. 효과적인 QR코드 마케팅 전개를 위한 필수 고려 요소 82
　　통합 마케팅 커뮤니케이션 차원의 명확한 비즈니스 목적 설정 83
　　고객의 TPO에 기반한 고객 접점 채널 연계 84
　　고객의 주목도와 브랜드 아이덴티티를 높이는 디자인 85
　　사용자의 행동 패턴과 부착 환경을 고려한 배치 87
　　다양한 환경에서 스캔 및 연결 점검 89
　　매체별 반응 측정을 통한 커뮤니케이션 효과 분석 91
　　소셜미디어를 활용한 인게이지먼트 극대화 95
　　커뮤니케이션 목적에 부합하는 모바일 플랫폼의 구현 98

4. 잘못된 모바일 페이지 사례 100
　　기존 웹사이트를 그대로 연결한 경우 100
　　모바일 페이지가 최적화되지 않아 직관성이 떨어지는 경우 101
　　얻고자 하는 정보가 제시되지 않는 경우 102
　　QR코드에서 제시한 혜택을 바로 얻을 수 없는 경우 103

Special Page ● QR코드 마케팅 캠페인 체크리스트 105

Part 3 QR코드의 현황과 활용 사례 모음

1. QR 코드의 국내 도입과 이용 현황 110

QR코드의 확산 배경 110

QR코드의 활성화 양상 114

국내 사용자의 QR코드 인식 115

2. 국내 분야별 비즈니스 활용 사례 117

유통 분야 118

신문/잡지/도서 분야 127

패션/화장품 분야 130

음료/제과 분야 136

건설/부동산 분야 140

가전 분야 143

금융/결제 분야 145

전시/행사/공연 분야 149

여행/관광 분야 155

엔터테인먼트 분야 158

병원/의약 분야 162

지방자치단체 165

3. 국외 QR코드 활용 현황 및 사례 169

　국외 QR코드 활용 현황 169

　일본 QR코드 활용 현황 176

　국외 QR코드 비즈니스 활용 사례 178

　일본 QR코드 비즈니스 활용 사례 186

부록　유용한 사이트들

1. QR코드 마케팅 관련 사이트 194

2. 디자인 QR코드 관련 사이트 199

3. QR코드 로그분석 사이트 201

Part 1

QR코드의
이해에서
제작까지

1 QR코드란 무엇인가?

최근 지하철이나 버스정류장 등에 바코드Barcode처럼 생긴 정체불명의 흑백 무늬 모자이크들이 눈에 띄기 시작했다. 사람들은 마치 연예인을 촬영하는 것처럼 이 모자이크에 스마트폰을 들이댄다. 이게 뭘까 하는 호기심에 모자이크를 찍어보면 화면에 웹사이트, 이미지, 동영상들이 주르륵 나타난다.

바코드와 비슷하게 생긴 이 이상한 모자이크가 바로 QR코드 Quick Response Code이다. 1994년 도요타의 자회사인 덴소웨이브 Denso Wave가 개발한 흑백 모자이크 패턴의 2차원 바코드다.

바코드의 한계를 극복한 2차원 코드

바코드란 문자나 숫자를 흑과 백의 막대 모양 기호로 조합한 것으로서 컴퓨터가 판독하기 쉬워 데이터를 빠르게 처리하기 위하여 쓰인다. 상품의 종류를 나타내거나 슈퍼마켓 등에서 매출정보의 관리 POS, 도서 분류, 신분증명서 등에도 이용된다.

바코드는 1949년 조지프 우드랜드Joseph Woodland라는 대학원생이 가졌던 '점과 선으로 정보를 표현하면 상품 정보를 손쉽게 인식할 수 있지 않을까?' 하는 고민에서 비롯되었다. 그는 오랜 고민 끝에 3년 후 지금과 같은 가로줄 형태의 바코드를 고안해 특허를 출원한다. 우드랜드가 고안한 바코드는 조금씩 변형되었지만 기본적인 형태 및 아이디어는 지금까지 활용되고 있다.

바코드는 비용이 저렴하고 인식 속도가 빠르고 정확성이 높으며 조작이 쉬운 장점 때문에 널리 보급되었다. 그러나 바코드가 널리 쓰일수록 여러 제약 요소도 나타나기 시작했다. 가장 큰 문제점은 표현할 수 있는 정보의 종류와 양이 제한적이며 정보의 기록밀도도 매우 낮다는 점이었다. 정보를 읽는 방법도 제한적이며 손상된 바코드는 인식 및 복원이 불가능하다는 문제도 있었다.

이에 대한 대안으로 정보의 양을 늘리기 위하여 바코드의 자릿수를 늘리거나 여러 바코드를 나열하는 방법이 제기되었다. 그러나 이는 표시 면적을 크게 하거나 복잡한 판독작업을 수반함으로써 인쇄 비용을 상승시키는 문제를 야기했다.

90년대 들어 다양한 기술적 발전이 이루어졌다. 이에 따라 바코드의 한계를 극복하고 '더 작은 공간에 더 다양한 문자를 표현할 수 있는, 즉 더 많은 정보를 담을 수 있는 코드'에 관한 요구에 부응하는 2차원 코드가 출현하게 되었다.

기존의 바코드는 한 방향으로만 정보를 담는다. 2차원 코드는 처음에는 바코드를 적층/중복Stack하는 방식을 택했다가 정보 밀도를 높이기 위하여 가로세로 두 방향으로, 즉 격자무늬Matrix로 정보를 담는 방향으로 진화했다.

2차원 바코드로의 진화

출처 | www.qrcode.com

미국, 유럽, 일본 등에서 다양한 형태의 2차원 바코드가 개발되었지만, 현재 표현할 수 있는 문자 종류와 정보량이 가장 많으며 가장 다양한 용도로 사용되는 것은 일본 덴소웨이브의 QR코드이다. QR코드를 본격적으로 알아보기에 앞서 다른 2차원 바코드들을 먼저 살펴보고, QR코드와 비교해보도록 하겠다.

PDF417

PDF417Portable Data File 417은 4개의 바와 스페이스의 조합으로 구성되며 그 길이가 17모듈이 되는 휴대용 데이터 형식의 머리글자로 이름이 붙여졌다. PDF417은 저가 리더기(스캐너)로도 인식이 가능하고 가로세로 디자인 변형이 용이하며 뛰어난 에러 보정 기능도 있어 다방면에서 높이 평가받는다.

 미국 국방성 및 자동차공업협회AIAG, 전자부품공업협회EIA, 가구제조공업협회AFMA 등에서 표준으로 채택되었다. 또한 미국 애리조나주, 펜실베이니아주에서는 운전면허증에, 뉴질랜드에서는 자동차의 차량 인식 라벨로, 필리핀에서는 여권의 출입국 관리(범죄자 체크)에 이용된다. 최근 스타벅스가 미국 전역 1,000여 개 매장에서 모바일 결제에 QR코드 대신 PDF417코드를 사용하기로 결정하여 주목받고 있다.

데이터매트릭스

데이터매트릭스Data Matrix는 ID Matrix에서 개발한 2차원 코드이다. 데이터매트릭스는 작은 공간에 많은 정보를 포함할 수 있으며 기존의 바코드보다 인쇄된 바코드의 손상 등에 대해서 덜 예민하다. 바코드 전반에 걸쳐 데이터가 뿌려지는 방식을 취하기 때문에 코드의 특정 부분이 손실되는 경우에도 제대로 읽을 수 있다는 장점이 있다. 소형화할 수 있다는 특징 덕분에 액정, 반도체 웨이퍼, IC 부품 같은 작은 곳에 마킹되는 방식으로 많이 활용된다. 인텔의 펜티엄 프로세서에도 인쇄되어 있다.

맥시코드

맥시코드Maxi Code는 세계 최대 택배 업체인 UPS사가 개발한 2차원 코드로서 화물 처리나 추적에 이용된다. 맥시코드는 사각형의 점으로만 이루어지는 대신 중앙에 특유의 3중 원형 파인더 패턴이 있다. 즉 세 개의 검은 동심원과 세 개의 흰 동심원으로 구성된 인식 패턴(중심 패턴)이 있고, 그 주위로 육각형 셀들이 배열되어 전체적으로는 정사각형 모양을 이룬다. 이를 통해 바코드 리더기는 코드의 위치를 순간적으로 인식할 수 있어 고속 판독에 적합하다. 이러한 특성 덕분에 물류, 택배 운송 등의 컨베이어 라인의 처리 코드로 미국에서 많이 이용된다. 맥시코드는 개방형 시스템이므로 사용료를 내지 않고 이용할 수 있다.

+ 대표적인 2차원 바코드

종류		QR코드	PDF417	Data Matrix	Maxi Code
개발사 (국가)		덴소웨이브 (일본)	Symbol Technologies (미국)	ID Matrix (영국)	UPS (미국)
방식		매트릭스	스택 바코드	매트릭스	매트릭스
정보량	숫자	7,089	2,710	3,116	138
	영문자	4,296	1,850	2,355	93

Binary	2,953	1,018	1,556	
한자	1,817	554	778	
주요 특징	대용량 / 작은 공간 고속 인식	대용량	작은 공간	고속 판독
주요 용도	모든 분야	OA	FA	물류
규격화	AIM International ISO JIS	AIM International ISO	AIM International ISO	AIM International ISO

출처 | www.qrcode.com 등

스마트태그

위에서 소개한 2차원 코드들은 규격상 모두 흑백이다. 최근에는 2차원 코드가 확산되며 기존 2차원 코드가 가진 흑백 디자인의 한계를 극복하고 취약한 보안을 강화한 다양한 컬러 코드가 개발되어 활용되고 있다.

대표적인 컬러 코드로 마이크로소프트가 개발한 스마트태그 Smart Tag가 있다. 스마트태그는 HCCB High Capacity Color Barcode, 즉 컬러 조합형 3차원 바코드로서 동영상, 사진, 연락처 등 다양한 자료 형태를 지원한다. 또한 QR코드가 지원하지 못하는 암호, 유효기간 등을 설정할 수 있다.

스마트태그 활용예
출처 | tag.microsoft.com

  마이크로소프트의 태그 사이트tag.microsoft.com를 통해 태그를 생성할 수 있으며, 다양한 스마트폰 기종을 지원한다. 컬러 디자인 적용이 훨씬 자유로워 기업의 브랜딩 효과를 높일 수 있다는 점에서 한 단계 진화한 솔루션으로 평가받는다. 또한 태그별로 특정 암호를 걸어 원하는 사람에게만 컨텐츠를 노출할 수 있다는 점도 차별화된 장점이다.

  그러나 QR코드에 비해 제작 방법이 불편하고 태그 리더기가 제한되어 현재 국내 기업들의 활용이 많지는 않다. 활용 사례를 들자면, 2010년 7월 롯데칠성음료가 '2% 부족할 때' 제품에 스마트태그를 적용하여 TV 광고의 전체 영상을 감상할 수 있게 하는 마케팅을 전개한 바 있다. 삼성SDI도 2010년 9월 초 하반기 신입사원 채용을 위해 진행한 캠퍼스 리크루팅에서 채용 현수막이나 포스터에 스마트태그를 활용하였다.

+ QR코드와 스마트태그 비교

구분	QR코드	스마트태그
정의	Quick Response Matrix Barcode	HCCB
개발사	일본 덴소웨이브	미국 마이크로소프트
형식	2차원	3차원
색상	흑백	컬러/흑백
데이터	숫자, 영자, 한글, 한자, 바이너리 등	URL/동영상/사진/명함/번호 연결
제작 크기	1.5~5cm	1.9~305cm
인식 범위	최소 1.5cm	최소 0.9cm
파일 포맷	JPEG/EPS	PDF/WMF/JPG/PNG/GIF/TAG
암호 설정	불가능	가능
유효기간	불가능	가능

QR코드의 장점

이제 본격적으로 QR코드를 살펴보도록 하자. QR코드는 덴소웨이브가 개발한 가로세로 두 방향의 흑백 격자무늬 패턴으로 정보를 나타내는 매트릭스 형태의 2차원 바코드이다. 초기에는 자동차부품 생산관리 등에 이용되었으나 현재는 기존 바코드를 대체하는 개념으로 훨씬 많은 분야에 널리 활용되고 있다.

QR코드는 문자 그대로 '빠른 응답Quick Response'이 가능하다는 점이 특징이다. 더불어 기존 바코드에 비해 작은 공간을 활용하여 100배가 넘는 대용량 정보 저장이 가능하다는 점, 그리고 오류 복원이 가능하다는 점도 특징이다.

1차원 바코드와 QR코드의 비교

기존 바코드와 비교하여 QR코드의 특징을 살펴보면 다음과 같다.

다양한 형식 및 대용량 정보 저장이 가능

바코드에 담을 수 있는 정보량은 20자리 정도이며 영어, 숫자만 기록 가능한 반면, QR코드는 숫자, 영어, 한자, 한글, 기호, 바이너리, 제어코드 등 다양한 종류의 언어와 형식을 저장할 수 있다. 따라서 기존 바코드와 달리 QR코드는 데이터베이스가 없어도 그 자체로 해당 정보를 파악할 수 있다는 장점을 가지고 있다.

정보량은 숫자만 저장할 경우 최대 7,089자를 담을 수 있고, 한자나 한글은 최대 1,817자를 저장할 수 있다. 특히 한자 한 글자를 13비트bit로 효율적으로 표현할 수 있기 때문에 다른 2차원 바코드에 비해 20% 이상 많은 정보를 담을 수 있다.

사진, 동영상, 음성 등은 바이너리 데이터로 저장 가능하다. 하나의 QR코드에 저장할 수 있는 사진, 동영상, 음성 용량은 최대 3KB 정도이다.

+ QR코드 수납 가능 문자 수

숫자만	최대 7,089문자
영, 숫자	최대 4,296문자
바이너리(8비트)	최대 2,953비트
한자	최대 1,817문자

바코드 1/10의 작은 공간

바코드는 가로줄 한 방향으로만 정보를 표현하는 한계 때문에 큰 면적을 필요로 하지만, QR코드는 가로세로 양방향으로 정보를 표현할 수 있어 바코드와 동일한 정보량을 1/10 정도의 작은 공간만으로 나타낼 수 있다.

QR코드 정보 표현
출처 | www.qrcode.com

오염과 훼손에도 인식되는 판독력

한번 손상된 바코드는 복원이 불가능하지만 QR코드는 자체적으로 오류 정정 기능이 있어 펜이나 얼룩이 묻어 오염되거나 한쪽이 찢어져 코드의 일부가 훼손되는 경우에도 코드를 인식할 수 있다. 예를 들어 다음과 같이 손상된 QR코드도 인식에는 문제가 없다. 손실된 코드는 최대 30%까지 복원이 가능하다.

오염 및 손상되었으나 인식 가능한 QR코드
출처 | www.marketertip.com

오류 복원 레벨에는 총 네 개 단계가 있으며, 사용자의 사용 환경 및 코드 크기를 종합적으로 고려하여 결정해야 한다. 예를 들어 공장 등 더러워지기거나 훼손이 쉬운 환경에서는 레벨Q(20%) 또는 H(30%)를 선택해야 하며, 깨끗하고 데이터 크기가 큰 경우에는 레벨 L(7%)을 선택해야 할 것이다. 일반적으로 레벨M(15%)을 많이 사용한다.

+ QR코드 오류 복원 레벨

레벨 L	약 7%
레벨 M	약 15%
레벨 Q	약 20%
레벨 H	약 30%

자료 | www.qrcode.com

어느 방향에서도 인식이 가능

가로 방향으로 스캔해야만 인식 가능한 바코드와는 달리, QR코드는 세 개의 위치 검출 패턴(위치 찾기 심벌)을 통하여 360도 어느 방향에서든지 고속 인식이 가능하다. 이 패턴은 QR코드의 인식 위치 및 회전된 각도를 표시함으로써 QR코드가 빠르고 안정적으로 인식되도록 도와준다.

QR코드 위치 검출 패턴
출처 | www.marketertip.com

데이터 분할 기능

QR코드는 여러 개로 나누어 저장한 정보를 한 개의 데이터로 연결하여 표현할 수 있다. 최대 16개까지 분할 가능하다.

QR코드 분할 기능
출처 | www.qrcode.com

QR코드의 구조

QR코드는 흑백 격자무늬 패턴을 이루는 셀, 위치 검출 패턴(위치 찾기 심벌), 타이밍 패턴, 포맷 정보, 얼라인먼트 패턴, 여백(마진) 등으로 구성된다.

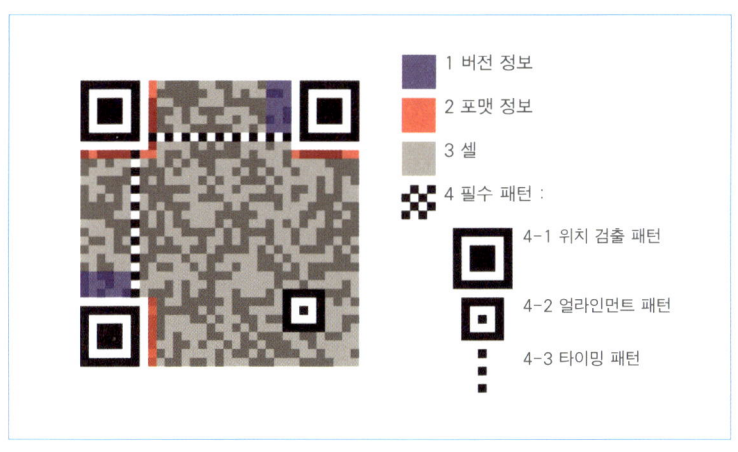

QR코드의 구조
출처 | Zephyris (영문 위키백과)

셀

QR코드는 버전에 따라 셀의 개수가 다양하다. 크기가 21 x 21셀 인 버전1부터 시작해 버전이 1 올라갈 때마다 가로세로 4셀씩 늘어 나며, 177 x 177셀의 버전40까지 나와 있다. QR코드의 버전은 정 보량, 데이터 종류, 오류 복원 레벨에 대응하여 설정된다. QR코드 에 담기는 데이터가 많아질수록, 즉 정보량이 증가할수록 QR코드를 구성하는 셀의 개수도 많아지며 결과적으로 그만큼 QR코드 크기도 커지게 된다.

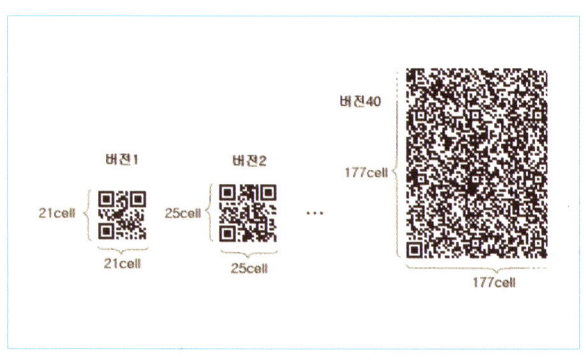

QR코드의 버전
출처 | www.qrcode.com

위치 검출 패턴

QR코드의 사각형 모서리 중 세 곳에 배치된 위치 검출 패턴은 QR코드의 위치를 인식할 수 있게 해주어 고속 판독을 가능하게 해준다. 위치 검출 패턴은 A, B, C의 어느 방향에서든 반드시 흑색 셀과 백색 셀이 교차하며 1:1:3:1:1 비율을 유지한다. 따라서 QR코드가 회전되어 있어도 3개 위치 검출 패턴의 관계를 통해 회전 각도를 인식하므로 360도 모든 방향에서 판독이 가능해진다.

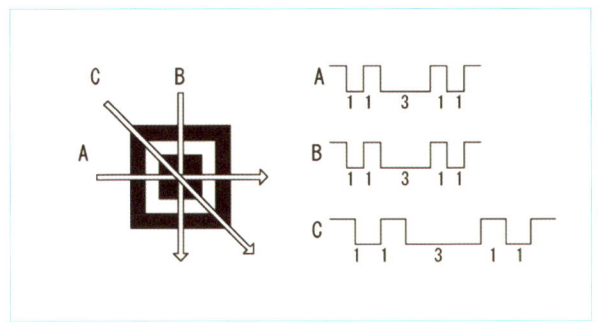

QR코드 위치 검출 패턴
출처 | www.ikeyence.com

얼라인먼트 패턴, 타이밍 패턴, 포맷 정보

QR코드에서 위치 검출 패턴보다 작은 크기의 사각형 패턴은 얼라인먼트 패턴으로서, 코드의 크기가 커질 경우 왜곡을 줄이기 위해 QR코드 모델 2에 추가된 패턴이다. 타이밍 패턴은 위치 검출 패턴 사이 두 곳에 백색 셀과 흑색 셀이 교대로 배치된 직선 모양 패턴으로서, 코드 내 모든 모듈 좌표를 결정하는 데 사용된다. 마지막으로 포맷 정보는 QR코드 심벌에서 사용되는 오류 정정과 마스크 패턴과 관련된 정보를 담고 있다. 코드를 판독할 때 우선적으로 읽히는 부분이다.

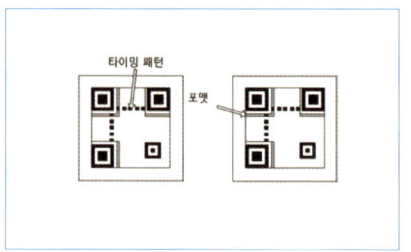

타이밍 패턴과 포맷 정보

출처 | www.ikeyence.com

여백

QR코드 주위 상하좌우 4면에는 아무것도 표시하지 않고 4셀 이상 여백을 확보해야 한다. 주변에 충분한 여백을 확보하지 않거나 문자나 그림 등을 표시하면 인식이 불가능해진다.

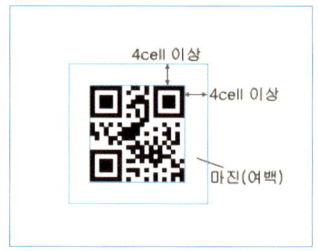

QR코드의 구조

출처 | www.ikeyence.com

2 QR코드 제작 및 인쇄

QR코드는 격자무늬의 셀을 통해 정보를 기록한다. 여기에 QR코드의 오류 정정 기능, 즉 최대 30%까지 복원 가능하다는 점을 이용해 다양한 크기 및 디자인으로 QR코드를 제작할 수 있다. 지금부터 소개하는 방법을 이용하면 QR코드 구성에 필요한 기본 설정, 즉 사이트 주소와 소개글 등으로 소개 페이지를 만들 수 있을 뿐 아니라 이미지나 동영상, 연락처 등을 추가적으로 넣어 QR코드를 생성할 수도 있다. 더불어 QR코드를 제작, 인쇄, 부착, 인식하는 과정에서 주의해야 할 요소들도 살펴보겠다.

Daum 코드로 만든 QR코드

QR코드 무료로 제작하기

QR코드는 입력된 문자 종류(숫자/영숫자/한자/바이너리)와 문자 수를 조합하여 셀들로 이루어진 패턴이 생성된다. 초기에는 QR코드를 제작하려면 덴소웨이브의 〈QR draw Ad〉, 〈QR maker Ad〉 같은 QR코드 생성 전용 소프트웨어를 사용해야 했다. 이러한 소프트웨어는 별도로 사용 라이선스를 구매해야만 사용할 수 있는 것이었다. 최근 국내에 QR코드가 대중화되면서 URL(웹페이지의 위치를 나타내는 주소)만 QR코드에 저장하고 실제 정보는 해당 웹페이지에서 제공하는 방식으로 QR코드를 제작해주는 사이트들이 생겨나고 있다. 이러한 사이트를 이용하면 인터넷을 통해 무료로 손쉽게 QR코드를 제작할 수 있다.

+ 국내 QR코드 무료 제작 사이트

구분	서비스 명	서비스 주소	주요 기능
포털	네이버	qr.naver.com	코드이미지 제공 URL, 이미지, 동영상, 연락처
	다음	code.daum.net	코드이미지 제공 URL, 이미지, 동영상, 연락처, 지도 태그 공개, 공유 설정 기능
제작사	스캐니	www.scany.net	URL, 동영상, 연락처, SMS, 명함 사이즈 설정 기능
	코드온	codeon.com	URL, 이미지, 동영상, 연락처, 지도, 쿠폰 코드 사용기간 설정
	Eggmon	eggmon.mozzet.com	일반 및 명함 QR코드 URL, 이미지, 동영상, 연락처, 문서

	꿀알	www.qoongr.co.kr	URL, 연락처, SMS, 명함 소셜미디어 지원 사이즈 설정 기능
	Make QR	www.makeqr.kr	URL, 연락처, SMS, 명함 사이즈 설정 기능
호스팅 업체	가비아	hosting.gabia.com/mobile/qr	URL, 연락처, 명함, 안내글

위에서 볼 수 있듯 여러 사이트가 있는데, 여기서는 Daum 코드 서비스를 이용해 QR코드를 제작하는 방법을 살펴보겠다.

1 코드 디자인

Daum 코드code.daum.net에 접속해 좌측 '코드생성' 메뉴를 선택하면 '직접 꾸미기' 탭 화면이 나온다. 여기서 먼저 상단 '코드 디자인'에서 제목에는 QR코드 홍보에 필요한 적합한 제목을 기입하고, 홍보 로고가 있는 경우 '로고이미지'를 클릭하고 이미지 파일을 첨부하면 QR코드 하단에 로고가 표시된다. 테두리 색깔까지 지정하면 기본적인 QR디자인 형태가 구성된다. QR코드 상단에 URL이 표시되기를 원하면 코드 URL '보이기'를 선택하면 된다.

코드 디자인

평범한 테두리와 로고 삽입보다 더 다양한 디자인을 구현하고 싶다면, Daum 코드 서비스에서 제공하는 '스킨 적용하기' 기능을 활용하는 방법을 생각해볼 수 있다. 이는 Daum 코드에서 미리 제작해 놓은 엽서, 영화, 팝콘 등의 다양한 형태의 QR코드 디자인 스킨 중 하나를 골라 사용하는 방법이다. '직접 꾸미기' 대신 '스킨 적용하기' 탭으로 가서 자신이 원하는 형태의 스킨을 선택하면 된다.

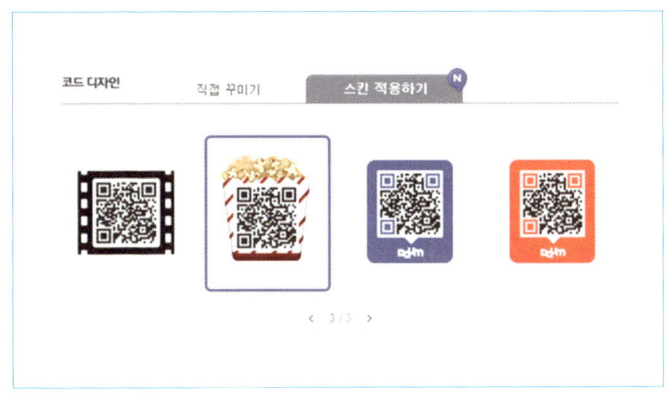

스킨 적용하기

2 코드 인식화면

다음으로 '코드 인식화면' 부분에 QR코드에 저장하고 싶은 정보를 입력한다. 코드가 인식되었을 때 어떻게 나타날지 선택하여 활용할 수 있다. 예를 들어 소개 페이지를 활용하여 결과를 보여주고 싶은 경우 '나만의 정보 입력' 탭에서 이동할 문서의 URL과 50자 이내의 간략한 소개글을 기입한다. 이렇게 하면 Daum에서 제공하는 코드 결과 페이지를 통해 소개글을 보이게 할 수 있다. 소개 페이지 없이 특정 주소로 바로 연결되기를 원할 경우 '직접 링크로 보내기' 탭에서 URL을 입력하면 된다. 끝으로 특정 키워드의 Daum 검색 결과를 나오게 하고 싶다면 '통합검색으로 보내기' 탭에 해당 키워드를 입력하면 된다.

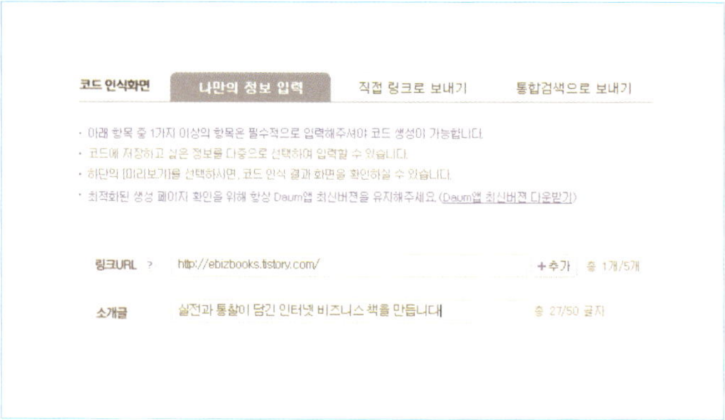

코드 인식화면

3 공개 설정

제작한 QR코드를 공개하고 싶지 않다면 '공개 설정'을 '비공개'로 바꾸면 된다. 그렇지 않은 경우 QR코드를 요즘yozm.daum.net이나 트위터twitter.com 등을 통해서 공유하도록 허용하려면 '코드보내기를 허용합니다'에 체크한다. '공개코드 게시판에 등록합니다'에 체크하면 Daum 코드 사이트 내 게시판에도 노출된다.

공개 설정

4 추가 정보 입력

'코드 인식화면'에서 '나만의 정보 입력'을 선택한 경우, 기본적인 정보 외에 추가적으로 제공하고자 하는 이미지, 지도(위치), 동영상, 연락처, 태그를 지정할 수 있다. 이미지의 경우 총 10개까지 첨부가 가능하며, 지도/위치는 Daum 지도를 활용하여 장소나 위치를 검색하여 입력할 수 있다. 동영상 정보 또한 tv팟tvpot.daum.net에서 검색하여 등록하거나 유튜브youtube.com의 동영상 URL을 붙여 넣어 등록할 수 있다. 태그 정보를 입력하면 입력한 태그를 키워드로 삼는 Daum 검색 결과를 나타나게 할 수도 있다.

추가 입력 정보 중 연락처

끝으로 연락처 정보에 이름, 전화번호, 팩스번호, 회사명, 주소, 이메일, 사진 등 개인 연락 정보를 기입하면 QR코드를 명함 대신 활용할 수 있다.

5 QR코드 생성

이상과 같이 정보를 모두 입력한 후 '생성하기' 버튼을 누르면 아래와 같이 기입된 정보가 담긴 QR코드가 생성된다. 생성된 QR코드는 이미지 및 HTML코드로 저장하여 웹사이트, 블로그, 이메일 서명 등 온라인뿐만 아니라 포스터, 전단지, 포장지, 명함 등에 인쇄하여 오프라인에서도 활용할 수 있다.

QR코드 생성 결과

디자인 QR코드 제작 프로세스

앞서 Daum 코드로 만든 QR코드는 기본형, 즉 표준 QR코드에 가깝다. 이와 달리 디자인 QR코드란 표준 QR코드에 디자인 요소를 추가한 QR코드를 말한다. 원래 QR코드의 표준 규격서에는 디자인 QR코드에 대해 정의가 되어 있지 않지만, QR코드의 강력한 오류 정정 기능을 이용하여 일부분을 변경한 형태이다. 최대 30%까지 복원 가능한 기능을 이용해 코드 일부에 디자인 이미지를 적용하여 제작하는 것이다. 화려한 디자인 QR코드를 제작하는 방법은 사용하는 그래픽 소프트웨어에 따라 다를 수 있으나 대체로 다음과 같은 과정을 거친다.

1 디자인 전략 수립

차별화된 디자인 QR코드에는 제품 및 브랜드의 아이덴티티가 잘 담겨 있어야 하며, 고객들의 시선을 사로잡을 수 있는 미적인 요소도 포함되어야 한다. 이를 위해서는 QR코드의 활용 목적에 맞는 전략을 고려하여 구성하고 디자인해야 한다. 디자인 프로세스는 우선 QR코드를 활용한 기업의 마케팅 목적, 대상 고객, 활용 매체 등 QR코드에 필요한 전략 방향을 수립하는 데에서부터 시작한다.

2 구상 및 그래픽 작업 준비

전략 방향이 수립되면 제품 및 브랜드 아이덴티티를 강조하기 위한 디자인 자료조사를 실시하고, 이를 기반으로 아이디어 스케치를 구상한다. 여기에서는 표준 QR코드 위에 로고 이미지를 결합하고 회전 및 색상으로 변형을 준 디자인을 구상했다고 가정하자. 이러한 디자인 QR코드의 재료로서, 앞에서 살펴본 것과 같은 방법으로 포털이나 무료 QR코드 제작 사이트를 이용해 표준 QR코드의 이미지 파일을 생성한다. 이어서 기업이나 브랜드 등의 필요한 로고 이미지도 함께 준비한다.

표준 QR코드와 로고 이미지를 준비한 모습

출처 | blog.seozin.net

3 그래픽 작업

이제 포토샵이나 일러스트레이터 등 그래픽 소프트웨어를 이용하여 구상한 스케치대로 디자인 QR코드로 구현한다. 이때 QR코드에 삽입하는 로고 등의 이미지가 전체 면적의 24% 이상이 되지 않도록 주의해야 한다. 이 예에서는 기업 로고를 표준 QR코드 위에 올리고 적절한 위치를 찾아 배치한다.

로고 이미지를 표준 QR코드 위에 삽입한 모습
출처 | blog.seozin.net

4 시안 완성

그래픽 작업으로 디자인 QR코드의 형태가 갖추어지면 제대로 인식이 되는지 스캐닝 테스트를 진행한다. 성공적으로 인식되는지 확인하며 컬러 및 회전을 적용하여 시안을 완성한다. QR코드는 360도 어느 방향에서나 인식이 가능하므로 적절한 회전으로 차별화된 디자인 QR코드를 만들 수 있다.

컬러 및 회전을 적용한 QR코드
출처 | blog.seozin.net

5 스캐닝 테스트 및 완성

시안은 다양한 환경에서 여러 번의 인식 테스트를 거친 다음 최종 손질을 가하면 완성된다. 중간에 수정을 가할 경우에는 반드시 그때그때 직접 스캔을 다시 해보고 QR코드가 제대로 인식되고 랜딩페이지로 연결되는지 거듭 확인하도록 한다. QR코드의 디자인도 중요하지만 무엇보다도 제대로 인식되도록 하는 것이 가장 중요하다는 점을 명심해야 한다.

QR코드 제작 및 인쇄 시 주의사항

QR코드를 제작 및 인쇄할 때에는 QR코드가 선명하게 표시되도록 하여 인식률이 떨어지지 않게 해야 한다. 이를 위해 다음과 같은 사항을 고려해야 한다.

QR코드 사이즈 어떻게 결정하는가?

기본적으로 QR코드 사이즈는 정보량, 데이터 종류, 오류 복원 레벨과 인쇄 프린터, 리더기의 성능 등에 따라 결정된다. QR코드에 기록해야 할 데이터 정보가 많으면 구성하는 셀이 많이 필요하기 때문에 그만큼 QR코드의 패턴도 복잡해지고 크기도 커지게 된다. 크기가 클수록 안정적으로 인식할 수는 있지만, 대신 인쇄 공간이 많이 필요하므로 활용 용도에 따라 QR코드 사이즈를 고려해야 한다. 일반적으로 명함 및 포스터 인쇄 권장 사이즈는 여백을 포함해 25mm이다. 클수록 인식이 쉬울 것이라 생각하기 쉽지만 30mm 정도의 크기를 인식하지 못하는 리더기 기종도 있으므로 25mm를 권장한다.

QR코드 권장 사이즈
출처 | www.designqrcode.co.kr

단축 URL 서비스로 QR코드 간소화하기

QR코드에 복잡한 URL을 담는 경우 정보의 양이 방대해져 QR코드의 사이즈를 키워야 하거나 패턴이 복잡해져 인식 속도가 느려지는 문제점이 생길 수 있다. 이때 URL 단축 서비스를 이용하여 주소를 간소화하면 QR코드 사이즈도 최소화하고 인식 오류 가능성도 낮출 수 있다. 주요 URL단축 서비스로 구글goo.gl, 타이니URLtinyurl.com, 비트리bit.ly 등이 있다.

+ URL 단축 서비스를 통한 QR코드 간소화

http://www.mapquest.com/maps?city=Wilmington&state=MA&address=21+Concord+St-&zipcode=01887-2131&country=US&latitude=42.55982&longitude=-71.151149&geocode=ADDRESS

http://QR2.it/Go/12570

출처 | qreateandtrack.com

이미지 툴 사용 시 주의점

QR코드 이미지 파일의 크기를 조절하기 위해 포토샵 등 이미지 편집 툴로 QR코드를 확대하거나 축소할 경우 셀 단위에서 왜곡이 일어날 수 있다. 변형한 이미지의 전체 외관은 QR코드처럼 보이지만 실제로는 셀이 왜곡되어 인식이 어렵거나 불가능해지는 것이다. 이를 방지하기 위해 이미지 툴에서 이미지를 더 부드럽게 보이도록 만드는 AAanti-aliasing 기능을 사용하지 않아야 한다.

QR코드 사이즈 확대/축소 왜곡
출처 | www.qrcode.com

모니터용 QR코드의 적절한 픽셀 크기

인식에 문제가 없는 모니터 화면용 QR코드의 적절한 크기는 가로세로 160픽셀 정도이다. 160 x 160 픽셀 이하의 크기로 가공할 경우 스캔 시 밝기와 스마트폰의 카메라 성능에 따라 인식이 어려울 수 있다. 또한 모니터용 QR코드의 경우, 모니터에 따라 화면 비율이 다를 수 있으므로 QR코드에 담긴 URL을 QR코드 부근에 함께 기재하는 방법을 권장한다.

지면 및 옥외광고용 QR코드의 적절한 크기

지면에 QR코드를 인쇄하여 사용하는 경우 적절한 크기는 일반적으로 QR코드의 한 변의 길이가 1.6~3cm 정도이다. 만약 길이가 1.2cm(버전7 이상은 1.5cm) 이하일 경우 리더기의 카메라 초점이 맞지 않아 인식이 어려울 수 있다. 또한 셀 한 변의 길이는 0.35mm 이상을 충족해야 한다.

최근에는 포스터와 간판 등 옥외광고OOH에서 10cm 이상의 거대한 크기의 QR코드를 활용하는 경우가 많다. 그중에는 몇 cm에서 시작해 몇 m에 이르는 크기의 QR코드도 있다. 일부 리더기로는 읽기가 어려운 경우도 있지만 QR코드는 크기가 커져도 카메라의 초점이 맞으면 사이즈에 상관없이 인식할 수 있다. 따라서 카메라와의 거리를 고려하여 QR코드에 초점에 잘 맞춰지는지 중점적으로 테스트해야 한다.

QR코드의 여백과 배경색 확인

QR코드의 인식률을 저해하지 않으려면 상하좌우 4면에 아무것도 표시하지 말고 4셀 이상의 여백을 확보해야 한다. 또한 인식률을 높이기 위하여 코드는 검정색, 여백은 흰색으로 하는 편이 좋다. 충분한 여백을 확보하지 않고 여백에 문자나 그림 등을 표시하게 되면 인식이 불가능해진다. 최근 회사의 로고나 상품의 고유 컬러를 기반으로 다양한 디자인 QR코드가 제작되고 있는데, 이러한 경우에는 사전에 충분하게 테스트를 거쳐서 인식에 문제가 없는지 점검해야 한다.

또한 QR코드 여백의 색상 농도가 짙은 경우 여백 색상에 영향을 받아 인식률이 떨어질 수 있다. 만약 QR코드가 인쇄되는 배경색이 흰색이 아닌 경우, 특히 회색이나 갈색처럼 어두운 색일 경우는 8셀 이상 여백을 확보해야 한다.

배경이 어둡기 때문에 여백을 더 넓힌 QR코드
출처 | www.designqrcode.co.kr

QR코드 부착 환경

QR코드는 사용하는 환경에 따라 인식이 안 되는 경우가 있기 때문에 이러한 점에 주의해서 인쇄 및 부착해야 한다. QR코드는 백색과 흑색 간의 명도 차이를 통해 인식되기 때문에 병, 유리, 비닐봉지 등 투명하거나 반사가 심한 곳에 부착할 경우 인식이 안 되는 경우가 있다. 또한 구김이 많은 부착 환경에서도 QR코드가 뒤틀려 제대로 인식되지 않는다. 이러한 환경에서 조금이라도 인식률을 높이기 위해서는 QR코드의 흑백 패턴뿐만 아니라 여백을 포함한 백색 배경도 함께 인쇄하거나 표면에 직접 인쇄하는 대신 QR코드를 인쇄한 종이 라벨을 붙여주는 게 좋다.

QR코드 인식 앱에 대한 고려

QR코드에 담긴 데이터 정보를 판독하기 위해서는 QR코드를 인식할 수 있는 리더기가 필요하다. 사용 용도에 따라 QR코드 전용 리더기나 PDA 등 다양한 종류가 있다. 최근에는 스마트폰 보급이 확대되면서 많은 업체가 QR코드 인식용 애플리케이션, 즉 앱app을 무료로 제공하고 있다. 이러한 앱을 활용하면 누구나 간편하고 손쉽게 QR코드를 이용할 수 있다.

네이버 앱
출처 | qr.naver.com

+ 국내 QR코드 인식 앱

구분	앱	인식 대상	지원 플랫폼
포털	네이버 앱	바코드, QR코드	iOS, Android
	Daum 앱	바코드, QR코드	iOS, Android
제작사	스캐니	QR코드, Data Matrix	iOS, Android
	QRooQRoo	바코드, QR코드	iOS, Android, Omnia 1,2
	EggMon	바코드, QR코드	iOS, Android
	QRDIC	QR코드	iOS
	QR스캐너	QR코드	iOS
	Viewfinder	QR코드	iOS, Android, Omnia 2
	EZQR	QR코드	iOS
	바코드 스캐너	QR코드	iOS
	QR코드 생성스캔 (QRS)	QR코드	iOS
	코드온	QR코드	iOS, Android

QR코드를 스캔하는 환경에 대한 고려

QR코드 인식 방법은 사실 간단하다. 스마트폰에서 QR코드 인식 앱을 실행한 후 카메라로 사진을 찍듯이 QR코드를 비추면 판독된 데이터 정보가 화면에 나온다. 사용자 입장에서 QR코드를 스캔하는 방법에 대해 생각하는 것도 중요한 일이므로 QR코드를 빠르고 정확하게 스캔하는 방법을 잠시 살펴보겠다.

카메라 초점을 제대로 맞춰야 한다
QR코드를 스캔할 때 스마트폰의 카메라 초점을 QR코드에 정확히 맞춰야 한다. 즉 QR코드의 흰색과 검은색 테두리의 윤곽이 명확하게 카메라에 보이도록 초점을 조정해야 한다. QR코드의 윤곽 부분이 희미하면 인식이 실패할 가능성이 높다. 모니터 화면 가득히 나오게 맞추는 것보다는 초점을 제대로 맞추는 게 인식률이 높다. QR코드가 원거리에 있는 경우 스마트폰 화면에 표시되는 QR코드를 조금씩 앞뒤로 이동하며 거리를 조절해가면서 초점을 맞추면 인식 성공률이 높아진다.

밝은 장소에서 스캔해야 한다
QR코드는 충분히 밝은 장소에서 스캔하도록 해야 한다. 어두운 장소에서는 광량이 확보되지 않아 QR코드가 제대로 인식되지 않는 일이 많다. 단, 직사광선이나 조명이 너무 밝은 곳에서도 반사되는 빛이 많아져 QR코드를 인식하기 어렵다.

손이 떨리지 않도록 해야 한다

특히 스마트폰의 경우 QR코드를 스캔할 때 손이 떨리게 되어 스캔이 실패하는 일이 자주 생긴다. QR코드가 있는 인쇄물은 가급적 손에 들지 말고 책상 등 안정된 곳에 두고, 손이 떨리지 않는 상태에서 스캔하면 인식이 쉬워진다. 특히 어두운 장소에 있는 경우 밝은 장소에 비해 손 떨림으로 인식률이 떨어지는 경우가 많다.

QR코드 인식 방법

요컨대 QR코드의 인식률을 높이기 위해서는 QR코드의 초점을 정확히 맞추고, 인식하는 동안 QR코드나 카메라가 흔들리지 않도록 하는 게 중요하다. 또한 어두운 장소를 피하고 빛이 반사되지 않도록 해야 인식률을 높일 수 있다.

Special Page ● 디자인 QR코드 특허권 문제

QR코드를 개발한 일본 덴소웨이브는 QR코드 보급 확대를 위하여 아래와 같이 특허권 권리를 행사하지 않고 있다. 그러나 덴소웨이브가 권리를 행사하지 않는 범위는 '표준화된 QR코드'뿐이다. 즉 덴소웨이브가 규정한 KS, JIS, ISO 규격에 맞는 QR코드만 권리를 행사하지 않는 것이다.

> 표준화된 QR코드는 DENSO WAVE가 보유한 특허(특허 제 2938338호)의 권리를 행사하지 않음을 선언합니다.

아래와 같이 덴소웨이브는 FAQ 에 QR코드에 일러스트나 변형을 가하는 경우 표준규격에서 벗어난 것으로 간주하고 특허권을 행사할 수 있기 때문에 반드시 이 점을 염두에 두고 디자인 QR코드를 제작해야 한다.

Q 일러스트를 포함해도 문제가 없나요?
A QR코드에 일러스트를 겹치거나, 디자인을 얹어 변형시키면, QR코드의 오류 복원 기능을 이용하여 인식할 필요가 있으며, 약간의 얼룩이나 크랙에도 인식할 수 없게 되고 인식 반응이 나빠질 수 있으므로 주의가 필요합니다. 안정된 인식 관점에서 QR코드는 KS, ISO 표준으로 제정되어 있는 내용에 따라 사용하실 것을 권장하고 있습니다.

또한, QR코드에 일러스트, 디자인 등을 겹치거나 싣는 것은 QR코드의 규격에서 벗어나 QR코드라 칭할 수 없습니다.
덴소웨이브 일본 사이트에는 아래와 같은 사항이 추가로 포함되어 있다.

> 당사는 JIS, ISO의 규격에 따른 QR코드에 한해 당사가 보유한 특허권의 행사를 하지 않는다고 선언하며, 규격을 벗어난 QR코드에 한해 당사가 보유한 특허권을 행사할 수도 있습니다. QR코드에 일러스트나 디자인을 넣어 사용하시려는 경우 사전에 본사와 상의하시길 바랍니다.

더불어 QR코드 자체를 사용할 때는 해당되지 않으나 사이트나 블로그 등에 'QR코드'란 단어가 들어간 내용을 쓸 때는 'QR코드는 일본 덴소웨이브의 등록상표입니다'라고 표기를 해주어야 한다.

Part 2

QR코드 마케팅 전략

1 마케팅 커뮤니케이션으로서의 QR코드의 장점

호스팅 전문업체 가비아의 조사에 의하면 기업 담당자들의 78%가 향후 QR코드를 활용한 마케팅이 늘어날 것이라고 전망하고 있다. 앞으로 QR코드를 활용하고 싶은 마케팅 분야로는 이벤트(48%), 광고(23%), 명함 및 브로셔 등 기업 홍보물(19%), 기타(10%) 순으로 나타났다.

기업들의 QR코드에 대한 관심이 점차 늘어나면서 QR코드의 마케팅 활용 범위 또한 다양해지고 있다. 젊은 소비자층을 대상으로 하는 패션, 뷰티 업체의 경우 다양한 브랜드 QR코드를 제작해 고객들의 호기심을 자극하여 브랜드 이미지 강화 및 제품 홍보에 활용하고 있다. 신문, 잡지, 도서와 같은 인쇄 매체는 광고수익 확보와 제한된 지면을 극복하기 위한 방안으로 QR코드를 도입하고 있다. 식료품 등의 소비재 업체는 제품 포장지에 QR코드를 부착하여 고객의 구매유도 및 고객서비스 지원 등을 통한 고객 관계 강화에 주력하고 있다.

이처럼 QR코드를 활용한 마케팅은 기본적인 상품 정보 제공 수준에서 벗어나 고객의 TPO_{Time, Place, Occasion}에 기반한 실시간 고객 맞춤형 대응 및 다양한 인터랙티브 미디어와 연계한 통합 마케팅 커뮤니케이션IMC으로 점차 확대되고 있다. 즉 QR코드를 통하여 제품의 기능적인 차별화를 고객이 체험할 수 있도록 하거나 기업의 브랜드 아이덴티티를 강조하거나 하는 방식 등으로 브랜드 이미지를 강화해나갈 수 있다. 또한 QR코드에 쿠폰, 마일리지, 경품 등의 마케팅 오퍼를 제공해 구매를 유도하고 고객의 참여를 이끌어낼 수도 있다. 고객과의 지속적인 관계를 강화하기 위하여 트위터, 페이스북 등의 다양한 소셜미디어와 연계하여 고객과의 의사소통을 촉진할 수 있다.

 이 같은 마케팅 커뮤니케이션으로서 QR코드만이 가진 장점들을 이제부터 자세히 살펴보겠다.

고객 참여를 통한 즉각적인 반응 유도

필요한 정보를 '바로 이 자리 지금 이 순간'에 얻고자 하는 오늘날 소비자의 욕구를 나우이즘nowism이라 부른다. QR코드는 이런 나우이즘을 충족하는 데 적합하다. 모호한 광고를 즉각적으로 이해할 수 있도록 추가 정보를 제공해 메시지를 강화할 수 있으며, 매장에서 상품안내 전단지에 부착된 QR코드를 스캔하면 계산 시 바로 할인 혜택을 제공하는 일도 가능하다.

제품 구매 시점에 고객들이 상품 구매를 통하여 얻을 수 있는 가치를 즉각적으로 전달해 구매 의사결정을 지원할 수 있다. 일본의 다이마루 후쿠오카 덴진점은 도시락의 뚜껑 부분에 QR코드를 부착하여 도시락의 재료의 영양, 에너지, 염분, 메뉴에 대한 설명 등을 볼 수 있게 하였다. 즉 QR코드를 활용하여 고객들이 구매 시점에 제품을 믿고 구매할 수 있도록 했다. 고객에게 정보를 일방적으로 전달하는 데 그치지 않고 적극적인 고객대응으로 고객과의 관계를 강화해나간 것이다.

다이마루 후쿠오카 덴진점 도시락 QR코드
출처 | keizai.biz

다양한 미디어와 상호작용을 통한 통합 마케팅 커뮤니케이션

QR코드를 이용하면 기존 오프라인 미디어와 디지털미디어를 연계할 수 있다. 특히 기존 미디어가 가진 일방통행 소통의 한계를 극복하고 소셜미디어와의 연계를 통해 고객과의 쌍방향 커뮤니케이션이 가능하게 해준다. QR코드는 매체 이식성이 높고 TV, 신문, 블로그, 페이스북 등의 다양한 미디어에 부착 가능하다. 이러한 매체 통합을 통하여 온/오프라인 기반의 고객 접점을 강화해나갈 수 있다.

예를 들어 삼성전자는 QR코드를 지면 광고 및 TV 광고와 연계하는 통합 마케팅 수단으로 활용했다. 제한된 공간에 많은 내용을 담을 수 없는 지면 광고의 단점을 QR코드가 해결해준 것이다. 삼성전자 갤럭시탭 신문광고를 보면 무려 20개의 QR코드가 삽입되어 있다. 이 중 두 개의 파란색 QR코드를 통해 두 가지 버전의 갤럭시탭 TV 광고물을 시청할 수 있다. 나머지 18개의 검정색 QR코드를 스캔하면 온라인에서 인기를 끌고 있는 '탭 택시' 영상을 볼 수 있다. QR코드를 온라인과 오프라인의 통합 매개체로 활용한 것이다.

갤럭시탭 지면 광고에 삽입된 QR코드

소비자 의사결정 과정에 유연하게 관여

자동차, IT 제품, 화장품 등은 고객이 제품을 선택하고 구매하는 과정에서 정보처리 과정이 복잡하다. 이 제품들의 고객은 구매손실을 줄이기 위해 적극적으로 정보를 습득하기 때문이다. 이런 고관여 제품의 경우 QR코드를 통해 제품 인지도와 브랜드 이미지를 향상할 수 있다. 반면 음료, 스낵, 식품 등 브랜드 간의 차이가 크지 않고 습관적으로 구매하는 저관여 제품의 경우에는 제품의 시험사용 기회, 쿠폰, 마일리지, 경품 등 가격적인 할인혜택을 제공해 구매를 유도하는 방식으로 QR코드를 활용할 수 있다.

현대자동차는 신형 아반떼 출시를 홍보하기 위하여 자사 주요 대리점과 영화관, 지하철 등에 신형 아반떼 QR코드 포스터를 설치하였다. QR코드를 찍으면 바로 신형 아반떼의 디자인 및 성능에 관한 정보를 고객들이 쉽게 알 수 있도록 하였다. 이 캠페인 기간 중 QR코드를 통해 신형 아반떼 정보를 검색한 스마트폰 이용자가 15일간 80만 명에 달해 QR코드의 비즈니스 활용 가능성을 보여주었다.

현대 자동차 아반떼 QR코드
출처 | avante.hyundai.com

구매 증대에 효과적으로 활용

화장품 회사 더샘the Saem은 캠페인 홍보 및 매장 방문을 증대하기 위한 목적으로 QR코드를 활용한 이벤트를 진행하였다. QR코드로 쿠폰을 제공해 매장을 방문한 고객이 그 쿠폰을 제시하면 화장품을 선물하고 구매한 고객에게 추가로 하나를 더 제공해 고객의 구매를 효과적으로 유도했다.

더샘이 제공하는 QR코드 쿠폰
출처 | www.thesaemcosmetic.com

기존 광고와 차별화된 고객의 자발적인 참여 유도

QR코드는 기존 광고에 식상한 고객들에게 사각 격자무늬에 숨겨진 차별화된 메시지 및 다양한 엔터테인먼트 요소를 발견하는 색다른 경험을 선사하여 고객의 자발적인 참여 및 공유를 이끌어낼 수 있다.

　홍콩의 주레코드Zoo-Records는 자사를 연상하게 하는 동물 모양의 QR코드를 활용한 옥외 홍보 마케팅을 실시해 성공을 거두었다. 주레코드는 도시 안에 숨겨진 여러 동물 형상의 그래픽 안에 QR코드를 합쳐놓아 홍콩 전역에 부착하였다. 각기 다른 14개 QR코드 안에는 14개 인디밴드의 노래와 프로필을 삽입해두었다. 호기심에 스마트폰을 통해 동물 안의 숨겨진 QR코드를 스캔한 사람들은 밴드 정보와 새로운 노래를 들을 수 있었으며 다른 부위를 스캔할 때마다 또 다른 노래를 들을 수 있도록 함으로써 사람들이 도시 안에 숨겨진 노래를 찾기 위해 탐험하도록 유도했다. 더불어 사람들은 페이스북이나 다른 소셜미디어로 이를 공유할 수 있을 뿐 아니라 스마트폰으로 직접 노래를 구매할 수도 있었다.

주레코드 옥외광고
출처 | theinspirationroom.com

Part 2 QR코드 마케팅 전략

다양한 디자인을 통한 브랜드 아이덴티티 강화

QR코드는 기존 사각형 형태의 패턴을 벗어나 자사 로고나 캐릭터 등을 활용해 다양한 형태의 개성 넘치는 디자인으로 제작할 수 있다. 크기 또한 빌딩 높이부터 자그마한 열쇠고리 사이즈까지 변형이 가능해 일상생활 곳곳 어디에서나 고객 접근이 가능하도록 할 수 있다. 이를 통해 브랜드 아이덴티티 향상이 가능하다.

예를 들어 미국 드라마 〈트루 블러드True Blood〉는 시즌 3의 시작과 함께 드라마 홍보를 위하여 드라마 이름 및 뱀파이어를 상징하는 디자인 QR코드를 제작해 QR코드를 찍으면 바로 드라마 내용을 볼 수 있도록 하였다.

〈트루 블러드〉 QR코드
출처 | mobilebehavior.com

2010년 11월 도쿄 다치가와 시에 들어선 N빌딩은 건물 정면 유리벽에 약 9m 높이의 QR코드를 설치해두어 QR코드를 스캔하면 입주한 층별 업체 정보를 바로 볼 수 있도록 해 눈길을 끌었다. 색다른 방법으로 아이덴티티를 강화한 것이다.

일본 N빌딩 QR코드
출처 | www.sonasphere.com

인쇄 매체의 한계를 극복할 수 있는 대안

기존 인쇄 매체의 경우 한정된 지면 탓에 전달하고자 하는 메시지가 제한되어 일방적으로 정보가 전달되기 때문에 고객과 상호작용을 하는 데 많은 한계가 있다. QR코드를 활용하면 멀티미디어와의 연동을 통하여 메시지의 인지 효과를 강화할 수 있으며 트위터, 페이스북 등 참여 기반의 소셜미디어와 연계하여 고객과 대화할 수 있는 다양한 기회를 제공할 수 있다.

등산 브랜드 네파NEPA는 이벤트 페이지나 블로그로 유인하던 기존 방식과 달리 트위터와 연계하여 QR코드 이벤트를 홍보했다. 이 덕분에 6만 명 이상의 트위터 사용자들에게 이벤트 멘션mention을 노출하는 성과를 얻었다.

네파 QR코드 이벤트 멘션들

편리한 매체별 고객 접점 파악 및 효과 측정

마케팅 커뮤니케이션에서 신문, 잡지, 옥외광고, 전단지 등 오프라인 미디어는 배포된 수량에 따라 각 매체별 노출 현황을 어느 정도 파악할 수는 있으나 여기에 따른 마케팅 커뮤니케이션 반응을 측정하는 데 한계를 지니고 있다. QR코드는 각 집행 매체별로 매체 특성에 따라 마케팅 커뮤니케이션 전달 방법 및 접점 채널을 분리해 이에 따른 고객들의 반응을 손쉽게 측정할 수 있다. QR코드에 별도의 코드를 심어놓아 고객이 QR코드를 스캔한 횟수, 스캔이 이루어진 날짜와 시간 등의 정보를 파악할 수 있는 것이다.

〈더블유 코리아〉 2010년 3월호에는 여러 지면에 QR코드가 삽입되었다. 나중에 지면별 QR코드 조회수를 확인한 결과 대부분의 QR코드의 조회수가 200~300회 정도를 기록한 데 반해 한 코드의 조회수만 600건을 넘어섰다는 점이 밝혀졌다. 해당 QR코드를 분석한 결과 〈지붕 뚫고 하이킥〉의 배우 신세경이 모델로 나선 버커루 진의 광고였다. 광고를 보고 QR코드를 찍어 신세경이 등장하는 화보를 여러 장 다운로드한 독자가 블로그, 트위터 등을 통해 입소문을 내면서 해당 지면의 QR코드 조회수가 급격하게 늘어나는 현상을 보인 것이다.

KT는 와이브로Wibro를 와이파이WiFi로 변환해주는 에그2Egg2 단말기를 홍보하면서 부착 지역 및 고객 반응별로 효과를 측정하였다. KT는 먼저 광화문 KT 올레관이나 신촌을 비롯해 인파가 몰리는 중심지 등에 광고 영상과 정보를 담은 QR코드를 붙여놓았다. 그리고 캠페인을 진행하며 노출된 구역 및 매체별로 스캔 횟수, 광고 영상 등으로 연결되는 모바일웹 접속 트래픽, 접속 시간 등을 측정하는 QR코드 마케팅을 전개하였다.

에그2 단말기 QR코드
출처 | ezra2001.thoth.kr

2 QR코드 마케팅 활용 사례 분석

제품 상세정보의 전달을 통한 고객의 인지 강화

자동차 같은 고관여 제품의 경우 제품이 가진 차별적인 요소 및 다양한 기능들을 고객들에게 상세하게 전달해 고객의 인지를 강화하는 목적으로 QR코드를 활용할 수 있다.

미국 자동차 브랜드 쉐보레Chevrolet는 SXSWSouth by Southwest 영화제에 자동차를 전시하면서 자동차 곳곳에 QR코드를 부착하여 자동차에 관한 상세정보를 홍보하였다. 각각의 QR코드는 모두 다른 내용을 담고 있어 예를 들어 자동차 전면에 부착된 QR코드를 스캔하면 엔진과 관련된 정보가 나오고 내부에 부착된 코드를 스캔하면 인테리어에 관한 정보가 나온다. 이에 더해 쉐보레 브랜드가 SXSW 영화제에 기여한 내용까지 QR코드를 통해 홍보했다.

쉐보레 자동차에 부착된 QR코드
출처 | freshpeel.com

    기능성 제품인 경우 제품을 안전하게 보호하기 위하여 다양한 패키지로 쌓여 있어 포장을 뜯지 않고서는 제품의 내용물 및 성능, 효과 등을 확인하는 데 한계가 있다. 이러한 한계를 극복하기 위하여 QR코드를 포장지에 부착하면, 고객이 제품 포장을 뜯지 않고도 매장에서 바로 제품 실사 이미지 및 성능, 효과 등을 바로 확인할 수 있게 하여 구매를 유도할 수 있다.

    문구의 경우도 한번 포장지를 뜯으면 다시 봉하기 어려운 슈링크shrink 포장을 하는데, 이 때문에 소비자가 구매 후 제품을 확인해야 하는 번거로움이 있다. 문구 업체 모닝글로리는 QR코드를 이용해 이 문제를 개선하였다. 지금까지 다이어리, 기능성 노트, 필통 등은 포장지를 뜯지 않을 경우 페이지마다 줄이 있는지, 수납공간이 얼마나 있는지 등 제품 상세정보를 고객이 알 수 없었으나 QR코드를 활용해 간편하게 세부 디자인이나 내부를 확인할 수 있게 한 것이다.

경험 및 체험 유도를 통한 차별화된 가치 소구

기존 제품에 비해 품질이나 기능이 차별화된 경우 QR코드를 활용하면 고객들의 체험을 유도해 차별화된 가치를 즉각적으로 체험할 수 있도록 제공할 수 있다.

구글코리아는 한국어 모바일 음성검색 서비스를 런칭하면서 지하철 광고에 QR코드를 삽입해 고객들이 바로 음성검색을 다운로드하여 체험할 수 있도록 제공하였다. 치바시 동물공원에서는 동물원의 동물의 소리를 음성 데이터로 만들어 QR코드를 배포해 고객들의 마치 동물원에 있는 듯한 경험을 제공해 고객들의 감성을 자극하여 고객 유치에 활용하고 있다.

구글 음성검색 QR코드
출처 | ntn.seoul.co.kr

마케팅 커뮤니케이션 강화를 위한 스토리텔링

QR코드를 활용하여 제품 및 서비스를 무미건조하게 설명하기보다는 제품이 가진 특성을 고객들이 관심을 가지고 흥미진진하게 반응하도록 할 수 있다. QR코드에 타깃 고객이 공감하는 이야깃거리를 스토리, 사진, 영상 등으로 담아 고객 감성을 자극하여 제품 및 서비스를 상기하도록 만들 수 있다.

   대한항공의 새로운 광고 시리즈 '일본에게 일본을 묻다'는 TV 광고 및 지면의 한계로 전달하지 못한 일본 거장 다섯 명이 들려주는 진짜 일본 이야기를 QR코드를 통해 전달한 바 있다. 기존에 우리가 알고 듣던 일본이 아니라 일본 유명인사들이 직접 전해주는 다양한 이야기 속에서 자연, 풍경, 일상의 모습에서 일본을 발견하게 한 것이다. QR코드를 스캔하면 일본 거장 다섯 명이 일본의 온천, 자연, 건축, 마을 풍경, 라멘 등을 자신의 추억과 경험을 담아 고스란히 전달한다.

대한항공 '일본에게 일본을 묻다' QR코드
출처 | qrwiz.com

기업의 브랜드 아이덴티티 및 이미지 구축

QR코드의 디자인을 잘 활용하면 고객에게 자사 브랜드 이미지를 친밀하게 느낄 수 있도록 각인시킬 수 있다. 팝아티스트 무라카미 다카시村上隆는 2009년에 일본 루이비통의 QR코드에 루이비통 로고와 함께 자신이 만든 애니메이션에 나오는 팬더 캐릭터를 새겨 넣어 깜찍하면서도 친근한 디자인을 잘 살려 루이비통 브랜드의 친밀성을 높였다.

무라카미 다카시 루이비통 QR코드
출처 | www.psfk.com

미스터피자는 업계 최초로 기존의 밋밋한 사각형 디자인과 달리, 미스터피자의 브랜드 특성과 신제품 '그린 스캔들'의 제품 컨셉을 접목한 세련된 디자인의 QR코드를 만들었다. 이 QR코드는 피자 모양을 닮은 원형 모양과 신선한 야채를 상징하는 그린 컬러의 조합을 통해 담백한 수타 피자에 신선한 야채를 듬뿍 올린 새로운 컨셉의 신제품 그린 스캔들을 떠올리게 하여 브랜드 아이덴티티를 강화하는 데 성공했다.

미스터피자 그린 스캔들 QR코드
출처 | piamo.kr (QR코드 디자인 by 피아모)

신규 및 휴면 고객 활성화

QR코드는 기존 고객에 대한 만족도 제고뿐 아니라 신규 고객 확보 및 휴면 고객 활성화의 목적으로도 활용할 수 있다. 특히 QR코드를 통해 주요 모바일 사용자인 20~30대의 젊은 층을 신규 고객으로 확보하거나 휴면 고객에게 혜택을 제공해 즉각적인 반응을 불러일으킬 수 있다.

삼성증권은 신규 고객이나 6개월 이상 휴면 고객이 스마트폰을 통해 QR코드를 스캔하여 주식을 거래하면 3개월간 매매 수수료를 면제해주는 이벤트를 진행하였다. 스마트폰 가입자 확대에 따라 20~30대의 신규 고객 확보 및 기존에 가입했으나 휴면 상태인 고객을 활성화하기 위하여 사용자들이 손쉽게 참여할 수 있는 QR코드를 활용하였다.

삼성증권 이벤트 QR코드
출처 | hankyung.com

제품의 사용 및 반복 구매 증대

직접적인 체험 외에도 고객들의 제품 활용 기회를 높이기 위하여 다양한 제품 활용 가이드 및 레시피 등을 QR코드로 배포하는 방법도 있다. 이를 통해 제품의 지속적인 사용을 유도하고 반복 구매를 증대할 수 있다. 이탈리아 곡물 제품 브랜드 파린 푸Farin Più는 제품 포장에 QR코드를 이용하여 제품의 재료로 만들 수 있는 레시피를 유명 셰프가 안내하는 사이트로 연결하는 방식으로 QR코드를 활용하였다.

이탈리아 파린 푸 제품에 삽입된 QR코드
출처 | www.snap.ie

이異업종과의 공동 마케팅을 통한 시너지 효과

QR코드는 온/오프라인 미디어와 쿠폰, 마일리지, 경품 등의 할인혜택을 연계해 즉각적인 반응을 유도할 수 있으므로 제휴를 통한 공동 마케팅 추진이 용이하다. 따라서 타깃 고객층이 동일한 온/오프라인 제조업과 서비스 등 이업종 간의 기업은 QR코드를 적극 활용하여 브랜드 이미지 향상과 마케팅 비용절감을 꾀하는 편이 좋다. 제휴 마케팅을 통해 시너지 효과를 극대화할 수 있을 것이다.

일본 메이지유업은 초등학생을 위한 중학교 입시학원을 운영하는 일능연日能研과 협력하여 신제품 커피 음료를 출시하면서 제품 패키지의 QR코드에 일능연의 초등학교 3~6학년을 위한 테스트 문제를 실었다. 동일한 타깃을 대상으로 일본 메이지 유업은 마시면 머리가 좋아진다는 컨셉를 전달할 수 있었고, 일능연은 제품 체험을 통해 신규 고객을 확보하는 시너지 효과를 얻을 수 있었다.

높은 이식성을 활용한 바이럴 마케팅

QR코드는 이식성이 높아 인쇄 매체뿐만 아니라 인터넷, TV, 옥외 광고 등 어디에나 부착이 가능하므로 바이럴 마케팅에 효과적이다. 고객이 QR코드를 원하는 곳에 자유롭게 부착할 수 있도록 스티커를 제공하는 것도 한 방법이다. 특히 블로그, 트위터, 페이스북 등 소셜미디어를 통해 손쉽게 QR코드를 전파할 수 있도록 하면 바이럴 효과를 얻을 수 있다.

일본의 인터랙티브 광고 대행사 라나 익스트랙티브RaNa extractive는 영화 〈점프Jump〉를 홍보하기 위한 프로모션 캠페인에 QR코드를 활용했다. 영화의 소재인 순간이동처럼 QR코드가 다양한 곳으로 쉽고 빠르게 전파되는 것이 캠페인의 컨셉이었다.

영화 주인공이 QR코드 사이로 순간이동하는 모습의 캠페인 사이트를 개설한 후 사용자가 사이트 내의 QR코드를 스캔하면 영화 내용의 QR코드가 스마트폰에 저장된다. 이 저장된 QR코드를 다른 사람이 스캔하면 마치 순간이동하듯 그 스마트폰으로 복사되며, 이렇게 끊임없이 PC나 스마트폰으로 QR코드가 전파되도록 하였다. QR코드의 이식성을 부각시켜 적절하게 영화 내용을 전달하였으며, 모바일의 이동성을 고려한 미디어믹스를 잘 구현하여 고객에게 마치 게임을 즐기는 듯한 재미를 선사해 적극적인 참여를 유도하는 성과를 얻었다.

영화 〈점프〉 QR코드 캠페인
출처 | www.ranaextractive.com

디젤Diesel은 2010 봄/여름 시즌 컬렉션 홍보를 위한 캠페인을 진행하면서 QR코드가 인쇄된 배지를 활용했다. 디젤의 긍정적인 정신을 상징하는 배지 하나하나를 점으로 삼아 도쿄 시부야역 벽면에 점묘화로 나타낸 것이다. 이 배지들은 사람들이 손쉽게 떼어내 가져갈 수 있었고 배지 뒷면에는 고객이 디젤의 웹사이트를 방문할 수 있도록 QR코드를 부착하였다. 캠페인 시작 3일 만에 고객들은 13,531개의 배지를 모두 가져갔으며 그것을 다른 곳에 부착하여 바이럴 효과가 발생하는 성과를 얻었다.

디젤의 홍보 캠페인
출처 | www.adme.ru

디젤 캠페인 배지 뒷면 QR코드
출처 | daimaru0713 (유튜브)

즉시성에 기인한 효과적인 게릴라 마케팅

소규모 기업들은 단기간에 고객들의 주목을 끌고 입소문 효과를 노릴 수 있는 게릴라 마케팅을 선호한다. 그러나 이는 짧은 기간에 이루어지기 때문에 자칫 깜짝쇼 정도로 인식되어 기업이 전달하고자 하는 마케팅 메시지를 고객들이 인지하지 못하는 경우가 생긴다. QR코드는 이러한 게릴라 마케팅의 한계를 극복할 수 있는 좋은 대안이다. 게릴라 마케팅이 전개되는 동안 적극적으로 고객의 궁금증을 풀어주고 마케팅 메시지를 전달할 수 있다.

뮤지컬 〈콘보이쇼 아톰〉을 홍보하기 위한 게릴라 마케팅에는 이러한 방식으로 QR코드가 활용되었다. 유동인구가 많은 강남역, 홍대입구역 앞에서 아톰 가면과 "QR코드를 찍어봐"라는 문구를 단 50명이 퍼포먼스를 펼쳤다. 10분 정도의 게릴라 퍼포먼스가 펼쳐지는 동안 지나가던 사람들은 궁금증을 느껴 QR코드를 스캔하고는 뮤지컬에 대한 다양한 정보를 그 자리에서 얻을 수 있었다.

뮤지컬 〈콘보이쇼 아톰〉 QR코드 퍼포먼스
출처 | momonews.com

3 효과적인 QR코드 마케팅 전개를 위한 필수 고려 요소

기업이 비즈니스상 전략적 목적으로 QR코드를 활용해 성공적이고 효과적으로 마케팅을 전개하려면 다음과 같은 사항을 고려해 접근해야만 한다.

- 명확한 비즈니스 목적을 설정하였는가
- 고객의 TPO에 기반한 고객 접점 채널을 연계하였는가
- 디자인은 브랜드 아이덴티티를 잘 반영하였는가
- 사용자의 행동 패턴과 부착 환경을 고려해 배치하였는가
- 다양한 환경에서 스캔 및 연결 여부를 확인하였는가
- 매체별 마케팅 효과를 측정 및 분석하였는가
- 인게이지먼트engagement를 위해 소셜미디어를 활용하였는가
- 목적에 부합한 모바일 플랫폼을 구축하였는가

이제부터 이들 요소에 관해 하나씩 살펴보겠다.

통합 마케팅 커뮤니케이션 차원의
명확한 비즈니스 목적 설정

QR코드는 단순한 격자무늬 사각형이 아니라 고객 커뮤니케이션을 위한 수단이므로 기업의 커뮤니케이션 전략에 맞는 명확한 목적을 설정해야 한다. 단순히 제품에 관한 정보를 제공하기 위한 것인지, 제품 출시에 따른 제품 홍보가 목적인지, 이벤트 참여를 유도하기 위한 것인지, 고관여 제품에 대한 고객 체험 증대를 위한 것인지, 구매유도인지, 가격비교 등 결제 서비스와 연동하는 것인지 등 비즈니스 접근에 관한 방향성을 고려해야 한다.

또한 통합 마케팅 커뮤니케이션의 차원에서는 고객 접점 채널 통합이 목적인지, 고객서비스 차원에서 고객대응 비용절감이 목적인지, 고객 참여를 통한 고객과의 관계 형성이 목적인지, 소셜미디어와의 연동을 통한 고객 커뮤니케이션이 목적인지 등 명확한 목적을 설정해야 한다.

고객의 TPO에 기반한 고객 접점 채널 연계

QR코드의 장점은 언제 어디서나 손쉽게 고객의 접점 채널을 연계하여 고객의 반응을 이끌어낼 수 있다는 점이다. 따라서 스마트폰 사용자의 특성 및 고객의 TPO Time, Place, Occasion를 고려하여 고객 접점 채널을 연계해야 한다.

특히 스마트폰 사용자 및 QR코드 반응 고객은 주로 20~30대이기 때문에 이들의 라이프스타일 및 스마트폰 이용 행태에 기반한 채널 연계가 필요하다. 또한 QR코드와의 접점에서 시간점유율 time share이 어느 정도인지도 고려하여야 한다. QR코드를 스캔하고 인식하는 데 시간이 다소 걸리기 때문에 일정 정도 시간점유율 확보가 가능한 상황 및 위치 등을 고려해야 한다. 더불어 오프라인 매체뿐만 아니라 크로스미디어를 통한 인터랙티브 커뮤니케이션이 가능하도록 소셜미디어와의 연계도 적극적으로 고려해야 한다.

고객의 주목도와 브랜드 아이덴티티를 높이는 디자인

QR코드 제작 및 디자인 시에는 인식률을 높이기 위하여 인쇄 사이즈 및 부착 환경 등을 고려해야 하며 마케팅 커뮤니케이션 전달을 위하여 브랜드 아이덴티티 디자인을 강조하여 주목도를 높여야 한다. 그러나 무엇보다 고객의 호기심을 자극하고 참여도를 높이도록 QR코드를 구성하는 게 최우선이다.

앞에서 살펴보았듯이 QR코드의 적절한 크기는 지면에 인쇄하는 경우 한 변의 길이가 1.6~3cm 정도가 되어야 적당하다. QR 코드의 인식률을 높이려면 셀은 검정색, 여백은 흰색으로 설정하되 4셀 이상을 확보해야만 한다.

또한 고객의 주목도를 높이고 기업이나 브랜드 아이덴티티를 강조하기 위해서는 브랜드나 기업을 상징하는 로고, 캐릭터, 컬러 등을 적용한 차별화된 디자인으로 재미와 호기심을 자극할 수 있어야만 한다.

이렇게 QR코드를 구성할 때에는 디자인뿐만 아니라 고객의 관심을 끌고 스캔을 유도하기 위한 메시지도 함께 고려해야 한다. QR코드를 스캔하기 위하여 어느 앱을 사용해야 하는지에 관한 상세 안내와 QR코드를 스캔하는 방법도 함께 표시해주는 편이 좋다. 그리고 고객의 참여를 유도하기 위하여 반드시 "지금 스마트폰으로 QR코드를 찍어보세요"와 같은 메시지를 명시적으로 표시해주어야 더 큰 반응을 이끌어낼 수 있다. 스마트폰 미사용자 및 QR코드 인식 실패 시를 대비해 직접 접근할 수 있는 URL을 함께 표시하는 것도 좋은 방법이다.

피자헛은 QR코드를 스캔하면 '무료시식권'을 얻을 수 있다는 혜택을 직관적으로 표시하여 고객들의 참여를 유도하였다.

피자헛 QR코드 이벤트
출처 | www.pizzahut.co.kr

사용자의 행동 패턴과 부착 환경을 고려한 배치

QR코드의 부착 환경에 따라 인식 속도 및 사용자 참여율이 차이가 나기 때문에 부착 환경 및 위치를 고려해야 한다. 병이나 포장지의 경우 반사가 심하면 인식이 되지 않으며 신문, 잡지 등의 인쇄물은 접힌 면에 QR코드를 배치하면 구김으로 훼손될 수 있기 때문에 주의해야 한다.

특히 신문이나 잡지에 QR코드를 배치할 때 페이지 안쪽보다는 바깥쪽에 QR코드를 배치하는 게 스캔을 용이하게 할 수 있다. 안쪽에 배치하는 경우 접히는 면 때문에 QR코드가 가려져 스캔에 어려움이 있다.

QR코드 잡지 안쪽 부착 사례

포스터의 경우 고객의 눈높이를 고려하여 QR코드를 배치해야 한다. 지하철 및 버스 광고에 QR코드를 배치하는 경우 하단보다는 스마트폰을 눈높이로 들고서 바로 찍을 수 있는 상단에 위치하도록 해야 고객들이 손쉽게 인식할 수 있다.

건물이나 옥외광고에 QR코드를 부착하는 경우 원거리에서 카메라의 초점을 맞춰 QR코드를 인식할 수 있도록 가시권의 범위를 고려해야 한다.

QR코드를 눈높이에 배치한 사례

카메라 초점을 고려한 옥외광고 사례

다양한 환경에서 스캔 및 연결 점검

QR코드는 인쇄되어 한번 배포가 되면 수정이 불가능하기 때문에 부착 환경에 따라 QR코드 스캔이 제대로 이루어지는지와 사용자 경험에 대해 사전에 철저히 점검해야 한다. 스캔 거리 및 위치 등을 고려하여 카메라 초점이 얼마나 정확하게 맞춰지고 스캔 인식이 얼마나 빠르게 진행되는지 미리 확인해보아야 하며, 인식 앱 및 디바이스별 인식 여부도 함께 확인해야 한다. 무엇보다 연결될 URL을 잘못 기입하여 오류가 발생하는 일은 절대 피해야 하며, 연결될 페이지에 악성코드는 없는지도 꼭 확인해야 한다.

온스타Onstar는 〈엔터테인먼트 위클리Entertainment Weekly〉에 광고를 게재하면서 QR코드를 부착하였다. 그러나 QR코드를 스캔하면 모바일 페이지로 연결되어야 하나 URL에서 백슬래시 하나를 빼는 실수(http://가 아니라 http:/)를 해 연결이 되지 않는 결과를 초래하였다. URL 점검 등 충분한 사전 테스트를 거치지 않았기 때문에 발생한 실수라 볼 수 있다.

온스타의 잘못된 QR코드
출처 | blog.scanlife.com

QR코드를 스캔했으나 연결이 되지 않은 화면

더불어 모바일 페이지 연결 및 동작이 제대로 이루어지는지를 확인해야 한다. 모바일 페이지 메뉴를 하나하나 클릭하여 페이지 연결이 원활한지를 확인해야 하며 이벤트 참여 및 쿠폰 등록 등 고객들의 참여가 이루어지는 환경이 제대로 작동되는지를 중점적으로 점검해야 한다.

매체별 반응 측정을 통한 커뮤니케이션 효과 분석

각 집행 매체별 특성에 따라 QR코드 노출 데이터를 분리해 배포하면 특정 장소나 신문, 잡지, 온라인 등 QR코드가 부착된 매체별로 광고 효과 측정이 가능하다. 즉 QR코드를 노출한 구역별로 스캔 횟수와 시간, 모바일웹 접속 트래픽, 접속 시간 등을 분석할 수 있다. 이를 통해 지역 및 매체별로 차별화된 마케팅을 전개할 수 있다. 더불어 마케팅 목적에 따른 인게이지먼트 지표Engagement Matrix를 작성하여 통합 마케팅 커뮤니케이션 차원에서의 마케팅 효과도 분석할 수 있다.

매체별 마케팅 효과를 측정하는 방법은 이용하는 서비스마다 다르겠지만, 여기에 간략하게 두 가지 방법을 소개한다.

단축 URL 서비스를 통해 측정하는 방법

앞에서 언급한 단축 URL 서비스 중 비트리bit.ly의 경우 축약된 주소를 제공하는 동시에 얼마나 많은 방문자가 들어왔는지 유입량을 볼 수 있는 통계도 함께 제공한다. 이를 통해 QR코드 부착 매체별, 장소별로 단축 URL을 별도로 생성하면 각 매체별로 얼마나 스캔이 이루어졌는지 얼마나 많은 사람이 방문했는지를 간단하게 확인할 수 있다.

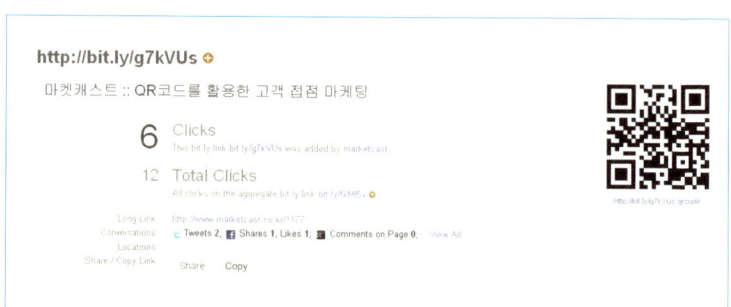

비트리 단축 URL 통계 화면

로그분석 서비스로 측정하는 방법

웹 로그분석 서비스를 사용하는 경우, 해당 로그분석 업체에서 제공하는 배너광고 측정용 파라미터를 지정해 QR코드 URL을 만들면 페이지 유입에 따른 분석을 할 수 있다. 예를 들어 로거logger.co.kr의 서비스를 이용할 경우, QR코드를 생성할 때 연결될 URL에 추가로 파라미터를 넣어주면 된다. 잡지에 넣은 파라미터는 a?_C_=1, 신문은 a?_C_=2, 웹은 a?_C_=3와 같이 각각 매체별로 다른 파라미터를 부여한다.

QR코드에 파라미터 추가
출처 | bizsd.tistory.com

이와 같이 각각의 매체별로 접속한 방문자의 방문수, 반송수, 회원 등록수 등의 데이터를 수집하여 잡지의 광고 효과가 좋은지 신문의 광고 효과가 좋은지 판단해볼 수 있다. 또한 유입한 방문자의 속성에 따라 이벤트 참여 및 구매 등의 마케팅 전환율 등을 분석할 수 있다.

+ QR코드 마케팅 효과 분석 지표

대메뉴	중메뉴	리포트명
모바일 환경	사용자 특성	회원/비회원별 방문 회원 성별 방문
	휴대폰 환경	모바일 기기 제조사 운영체제(OS) 화면 해상도 화면 색상
트래픽	접속량	페이지뷰 방문
	유입경로	방문 방법 참조 링크 페이지 SNS/커뮤니티/블로그 한글 키워드 도메인
	체류시간	서핑/체류시간대별 방문수 평균 체류시간
	충성도	첫 방문 VS 재방문 재방문 간격
검색/광고	CPC 클릭 분석	CPC 광고 시간대별 클릭 CPC 키워드별 광고 매체 CPC 키워드별 주문/매출
	광고 일반	이메일/배너광고 노출/클릭 이메일/배너광고/회원 주문

컨텐츠	페이지		인기 페이지
			인기 디렉토리/메뉴
			처음/마지막 접속 페이지
	카테고리		인기 카테고리
			카테고리별 체류시간
	상품		상품/브랜드
			상품/브랜드별 회원 특성
	내부 검색어		내부 컨텐츠/검색어
행동 패턴	내비게이션		서핑 경로 패턴 순위
			페이지 유입 및 유출
	클릭이벤트		내부 클릭이벤트 분석
캠페인	캠페인 효과		캠페인별 방문/주문/매출액
			캠페인별 회원등록/등록률
			캠페인별 방문/매출 추세
	QR코드 분석		QR코드 클릭/회원등록/매출
			QR코드별 방문 집중 시간대
			QR코드별 방문/등록회원 추세
성과	커머스		상품별 주문/매출액
			상품별 주문 회원 특성
			장바구니 담긴 상품
	전환 시나리오		전환 시나리오
			사용자정의 전환 시나리오

자료 | logger.co.kr

소셜미디어를 활용한 인게이지먼트 극대화

QR코드로 연결되는 모바일용 페이지에서는 고객이 즉각적으로 반응하고 참여할 수 있는 인게이지먼트 요소가 중요하다. 따라서 이벤트 참여 및 트위터, 페이스북 등 소셜미디어와 연계할 수 있도록 구현해야 한다.

비타민 워터 음료 액티베이트Activate는 차별화된 비타민 음료의 홍보 마케팅을 전개하기 위하여 트위터와 연계된 이벤트를 개최하였다. QR코드를 찍으면 바로 트위터로 팔로우할 수 있으며 친구들에게 액티베이트를 소개하면 샘플을 증정하였다. QR코드 디자인 또한 고객들이 직관적으로 트위터에 참여할 수 있도록 트위터 로고와 컬러를 활용하여 구성하였다.

액티베이트의 QR코드

액티베이트의 트위터 화면

푸르덴셜생명은 QR코드로 기부를 할 수 있는 '위시코드 캠페인'을 진행하며 소셜미디어를 활용했다. 캠페인에 참여한 후 발급된 위시메이커 인증서를 미투데이, 페이스북, 트위터 등 소셜미디어에 올리면 추가로 1,000원이 기부금이 적립되도록 하였다.

위시코드 캠페인 QR코드
출처 | prudentialstory.co.kr

QR코드와 연결되는 위시코드 모바일 페이지
출처 | prudentialstory.co.kr

푸르덴셜생명 이벤트 페이지에서 페이스북으로 보내기 버튼을 클릭하면 자신의 페이스북에 '푸르덴셜생명 위시메이커 기부 인증서'를 받았다는 사실이 등록되며, 이 링크를 클릭하면 위시코드 페이지로 연결된다.

기부가 완료되면 발급되는 위시메이커 인증서

출처 | prudentialstory.co.kr

페이스북에 전송된 위시메이커 기부 인증서

커뮤니케이션 목적에 부합하는 모바일 플랫폼의 구현

QR코드의 디자인을 통하여 기업의 제품 및 브랜드 아이덴티티를 강조하는 것도 중요하지만 QR코드의 커뮤니케이션은 모바일인터넷 접속을 통하여 메시지 및 정보가 전달된다는 점을 잊어선 안 된다. 따라서 비즈니스 커뮤니케이션에 부합하도록 모바일웹 플랫폼이 연동되어야 하며 마케팅 플랫폼으로 최적화하는 게 무엇보다 중요하다. 기본적으로 다양한 모바일 디바이스 및 브라우저 환경에 모바일용 페이지가 최적화되도록 해야 한다.

아이폰의 경우 기본 해상도는 320 x 480 픽셀이다. 그렇지만 실제 작업 영역은 각종 툴바(상태바, 주소창 등)를 제외한 사이즈이므로 이 작업 영역에 맞춰 모바일용 페이지도 최적화해야 한다. 모바일용 최대 작업 영역은 세로로 볼 때 320 x 356, 가로로 볼 때 480 x 208 픽셀이다.

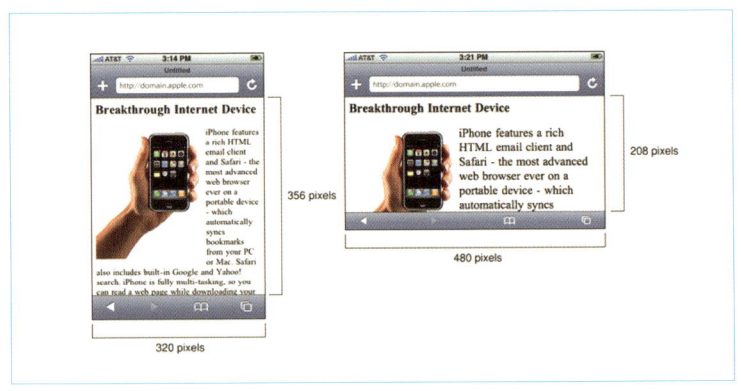

아이폰용 페이지 최적화 사이즈
출처 | developer.apple.com

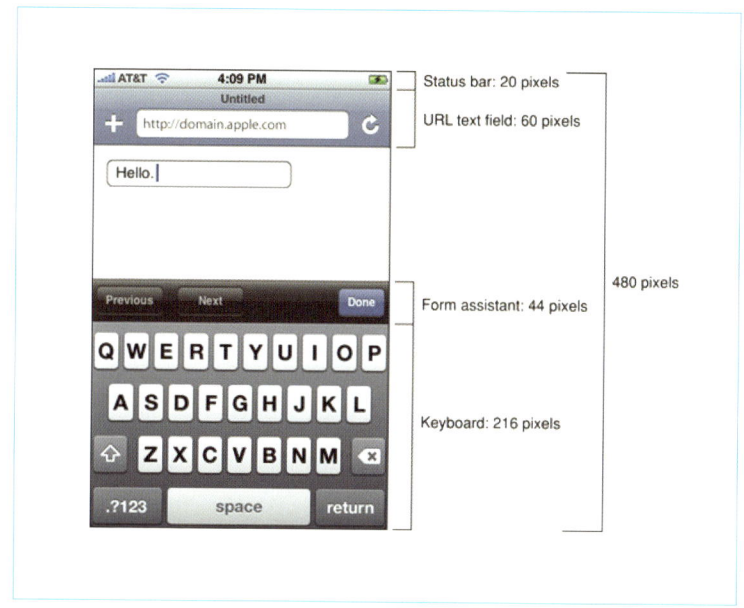

키보드 표시 시 아이폰 작업 영역
출처 | developer.apple.com

QR코드 인식을 통하여 연결되는 모바일용 랜딩페이지에는 고객이 직관적이고 손쉽게 내용을 인지할 수 있도록 제품 및 브랜드를 명시하고 QR코드를 통해 제공하고자 하는 내용들이 담겨 있어야 한다. 더불어 QR코드에 명시한 혜택을 그 자리에서 바로 고객들이 얻을 수 있도록 하고 참여하는 방법 또한 바로 연결 가능하도록 표시해야 한다. 이와 관련된 사례들을 이어서 살펴볼 것이다.

4 잘못된 모바일 페이지 사례

기존 웹사이트를 그대로 연결한 경우

많은 기업들이 별도로 스마트폰에 최적화된 모바일 페이지를 제작하지 않은 상태에서 QR코드에 기존 사이트 주소를 연결하는 실수를 저지르고는 한다. 이 경우 이미지 및 폰트가 모바일에 최적화되어 있지 않아 가독성이 떨어지는 문제가 생긴다. 더존duzon.co.kr은 전자세금계산서에 관한 홍보를 위해 신문광고를 펼치며 QR코드를 부착하였다. 그러나 이 QR코드를 스캔하면 전자세금계산서 관련 모바일 페이지가 아니라 자사의 기존 웹사이트 메인으로 연결된다.

QR코드와 연결된 더존의 사이트 화면

모바일 페이지가 최적화되지 않아 직관성이 떨어지는 경우

모바일 페이지를 제작할 때 페이지가 최적화되지 않아 메뉴 등 직관적으로 나타나야 할 내용이 보이지 않는 경우가 종종 있다.『대한민국 기업흥망사』라는 책은 홍보를 위하여 신문광고에 QR코드를 부착하였다. 그러나 이 QR코드를 스캔하여 들어간 페이지는 스마트폰에 최적화되어 있지 않아 하단에 배치한 메뉴가 보이지 않으며, 이 때문에 메뉴 이동에 어려움이 생긴다.

QR코드와 연결된『대한민국 기업흥망사』화면

얻고자 하는 정보가 제시되지 않는 경우

고객이 기대했던 정보나 혜택과 무관한 모바일 페이지를 QR코드에 연결하면 고객은 당황하게 된다. CBS는 53주년 그래미 시상식을 홍보하기 위하여 뉴욕 지하철역에 QR코드가 부착한 옥외광고를 게재하였다. 이 QR코드를 스캔하면 무려 4분이 넘는 유튜브 뮤직비디오 동영상이 나타난다. QR코드를 통하여 그래미 시상식에 관한 안내 및 후보들에 관한 정보를 얻을 것이라는 사람들의 기대와는 달리 TV 광고 동영상을 연결한 것이다.

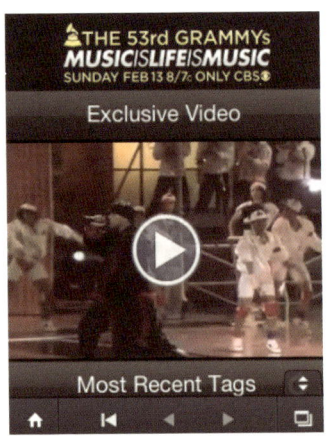

CBS의 QR코드와 연결된 동영상

QR코드에서 제시한 혜택을 바로 얻을 수 없는 경우

고객이 QR코드를 스캔하면 그 즉시 쿠폰 혜택을 제공하거나 이벤트 참여로 유도할 수 있어야 한다. 오프라인과 연동하였기 때문에 모바일 연결로 손쉽게 모든 참여가 이루어질 수 있도록 모바일 페이지를 구성해야 하는 것이다. 닥터 블레인Dr. Blaine's은 흉터치료제를 홍보하기 위하여 잡지에 QR코드를 스캔하면 3달러 할인 쿠폰을 준다는 광고를 게재하였다. 그러나 QR코드를 스캔하자 바로 활용할 수 있는 모바일 쿠폰이 발급되는 것이 아니라 그것을 인쇄하여 자신의 이름과 주소 등을 기입해야 사용할 수 있는 쿠폰이 발급되었다.

닥터 블레인의 QR코드
출처 | 2dbarcodestrategy.com

닥터 블레인의 QR코드와 연결된 페이지

또한 텍스트 위주의 정보만 제공함으로써 고객이 싫증을 느끼게 하는 일도 없어야 한다. 더불어 제한된 화면 안에서 고객이 스크롤하는 데 불편함이 생기지도 않게 해야 한다. 제품 및 기업 소개 등 불필요한 정보 전달은 최소화하고 브랜드 스토리, 제품 체험, 제품 상세정보, 이벤트 등 연계된 마케팅 커뮤니케이션 목적에 부합하도록 직관적이고 단순하게 구성해야 한다.

Special Page ● QR코드 마케팅 캠페인 체크리스트

구성	주요점검 항목	체크 사항
QR코드 마케팅 전략	QR코드를 활용한 전략적 목적 및 방향이 정의되었는가?	제품 정보 및 사용 안내 제품 홍보 및 활용 이벤트 참여 유도(쿠폰, 경품 응모) 고객 체험 및 경험 증대 고객 구매유도 및 결제 고객 접점 강화(온/오프라인 연동) 고객 관계 강화(소셜미디어 연동) 고객서비스 강화(고객 문의 및 A/S 안내)
	QR코드의 효과적 노출을 위한 매체 기획은 준비되었나?	인쇄 매체(신문/잡지/무가지 등) 동영상 매체(TV/광고 등) 매장(POP/전단/카탈로그/DM 등) 옥외광고(간판/전광판/OOH 등) 패키지(제품/포장/박스 등) 인터넷(웹사이트/배너/블로그/트위터/페이스북 등)
QR코드 구성	QR코드 크기 및 구성이 적정한가?	인쇄 사이즈 고려 여백 사이즈 확보 부착 환경 고려 이미지/사이즈 왜곡 점검
	QR코드 디자인의 아이덴티티는 기업 브랜드 및 캠페인 전략에 부합되는가?	기업 로고 적용 여부 제품 이미지, 캐릭터 적용 여부 브랜드 컬러 적용 여부 아이덴티티 디자인 차별화
	QR코드 안내 메시지에 고객의 관심 및 스캔을 유도하기 위한 적절한 메시지가 전달되었는가?	스캔 유도 메시지("스캔하세요") 고객 활용 메시지(제품 정보, 동영상 확인) 고객 관심 유도 메시지(제품 카피) 고객 참여 유도 메시지(쿠폰, 할인, 경품)
	QR코드를 스캔하기 위한 방법이 상세하게 안내되었는가?	앱 다운로드 방법 스캔 방법 스캔 실패 시 접근 URL 안내
	QR코드 표준규격 및 저작권에 위배되지 않았는가?	QR코드 표준규격서 점검 QR코드 저작권 위배사항 점검
모바일 페이지	QR코드 스캔 후 최초 접근 페이지는 QR코드 내용을 인지하도록 구성되었는가?	QR코드 내용 인지 ° 브랜드/로고/컬러/캐릭터 디자인 구성 ° 제품 정보 안내 ° 이벤트, 쿠폰 안내

		페이지 이동 편의
		° 메뉴 및 아이콘 구성
	모바일 페이지가 캠페인 목적과 부합된 내용으로 구성되었는가?	제품 정보 안내 (제품 소개, 제품 활용, 상품 리뷰, 카탈로그, 동영상) 고객 참여 구성 (쿠폰, 경품, 이벤트 응모) 통합 마케팅 커뮤니케이션 연계 구성 (광고 CF, 브랜드 스토리) 고객서비스 안내 구성 (A/S 안내, 매장 찾기, 자가진단)
	모바일 페이지가 사용자 경험을 만족시킬 수 있도록 최적화 되었는가?	스캔용 앱별 호환성 화면 최적화(스크롤 최소화) 메뉴의 직관성(텍스트, 아이콘) 내용 구성의 적정성 홈/이동/사이트맵 이동 편의성 폰트 크기 최적화 이미지 및 동영상 최적화
	모바일 페이지가 온/오프라인 커뮤니케이션 연동이 가능한가?	소셜미디어 연동(트위터/페이스북) 고객서비스 연동(A/S 안내/매장 전화/매장 찾기)
QR코드 부착	QR코드 부착 환경 및 위치를 고려하였는가?	반사 환경 고려(병/유리/비닐봉지) 구김 및 훼손 상황 고려(신문/잡지/전단지) 인쇄물 부착 환경 고려(지하철/버스/신문/잡지/옥외광고/간판/빌딩/포스터/전단지 등) 고객 접근 거리 고려(스캔 거리) 고객 눈높이 고려(스캔 위치)
QR코드 테스트	다양한 환경에서 QR코드 스캔이 제대로 이루어지는가?	연결 URL 오류 체크 스캔 앱 종류에 따른 스캔 사용자 경험에 따른 스캔 및 연결 체크 스캔 거리에 따른 스캔 및 연결 체크 스캔 위치에 따른 스캔 및 연결 체크 디바이스별(아이폰/안드로이드폰) 스캔 및 연결 체크 악성코드 및 바이러스 체크
	모바일 페이지 연결 및 동작이 제대로 이루어지는가?	페이지 접속 및 이동 속도 체크 브라우저별 페이지 최적화 체크 스캔용 앱별로 이상 작동 유무 체크 페이지 메뉴 클릭, 터치 등 기능 작동 체크 이벤트 참여, 쿠폰 등록 등 작동 체크

QR코드 효과 측정	QR코드 마케팅의 측정 및 분석을 위한 범위가 설정되었는가?	QR코드 마케팅의 측정 범위 설정 QR코드 분석 지표 설계 QR코드 분석 파라미터 생성 분석 데이터 연동
	QR코드 스캔 현황을 측정하고 분석하였는가?	스캔 횟수/접속수/유입수 분석 시간별(오전/오후/야간 등) 분석 기간별(일/주/요일/월) 분석 매체별(신문/잡지/지하철 등)분석 지역별(행정구역별/상권/출퇴근 경로 등) 분석 단말별(아이폰/안드로이드/윈도우)분석
	QR코드 마케팅 효과는 측정하고 분석하였는가?	페이지 및 메뉴 클릭률 / 전환율 분석 이벤트 참여 및 응모율 분석 쿠폰 발급 및 회수율 분석 소셜미디어 전환률 및 참여율 분석 1인당 스캔 및 페이지 전환비용 계산 구매 전환률 및 매출액 분석

Part 3

QR코드의 현황과 활용 사례 모음

1 QR 코드의 국내 도입과 이용 현황

QR 코드의 확산 배경

국내의 경우 2003년에 KTF(핫코드), SK텔레콤(네이트코드), LG텔레콤(이지코드) 등 이동통신사들이 일본 사례를 벤치마킹하여 2차원 코드 사업을 시작하였다. 그러나 휴대폰에 QR코드 리더기 기능이 거의 없었으며, 각 통신사별로 다른 코드를 개발하여 사용했기 때문에 규격이 달라 국내에 제대로 자리 잡지 못했다. QR코드를 이용한 서비스는 다양하지 않았고 휴대폰으로 모바일 페이지에 접속하기 위한 무선 데이터 요금 또한 비쌌다.

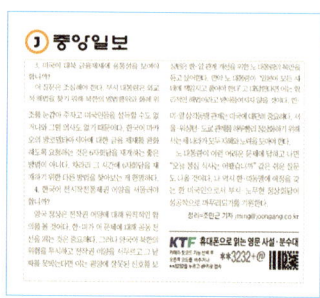

KTF 핫코드 활용 사례
www.iconlab.co.kr

그러나 국내 스마트폰 가입자가 늘어남에 따라 다양한 QR코드 제작 및 판독 서비스를 제공하는 업체들이 활성화되고 있다. 뿐만 아니라 다음, 네이버 등 포털 업체도 QR코드에 적극 뛰어들었다. 이제는 개인 블로그, 명함, 버스 및 지하철 광고, 길거리 안내판 등에서 QR코드를 쉽게 찾아볼 수 있게 된 것이다.

기업 마케팅 및 비즈니스 차원에서도 QR코드는 기존 인쇄 매체의 한계를 극복할 수 있다는 점을 비롯해 기업의 업무 효율성 증대 및 스마트폰 시대의 효과적인 마케팅 수단으로 그 활용이 점차 확대되고 있다. 이처럼 QR코드의 활용이 늘어나게 된 배경을 살펴보면 다음과 같다.

스마트폰 보급 확대 및 QR코드 서비스 등장
아이폰 및 갤럭시S 등 스마트폰 보급 확대로 국내 스마트폰 사용자는 1,000만 명 돌파를 눈앞에 둘 정도로 늘어났다. QR코드 리더기의 기능을 할 수 있는 스마트폰 보급 확대에 따라, 인쇄 매체에 손쉽게 정보를 기록하고 언제 어디서나 인식할 수 있는 QR코드 서비스 활용이 늘어나기 시작했다. 더불어 사용자가 QR코드를 쉽게 인식할 수 있게 해주는 모바일 앱과 직접 제작까지 해주는 서비스들도 늘어나면서 QR코드는 우리 생활의 일부로 자리 잡아가는 추세라고 할 수 있다.

저렴하고 편리해진 무선 인터넷 연결
와이파이 및 3G 무제한 요금제로 무선 인터넷 연결 비용이 저렴해졌다. 이에 따라 부담 없이 언제 어디서나 손쉽게 무선 인터넷 연결이 가능해지면서 QR코드 활용 또한 확대되었다. 이제 무선 인터넷 연결이 용이해짐에 따라 스마트폰 사용자는 번거롭게 접속할 사이트 주소를 입력할 필요 없이 간편하게 QR코드 스캔을 통해 해당 페이지로 이동할 수 있게 되었다.

다양한 디지털 컨텐츠 확장 용이
QR코드는 기존 바코드보다 더 많은 정보를 담을 수 있을 뿐만 아니라 바코드와는 달리 데이터베이스가 없어도 정보를 파악할 수 있어 여러 용도로 활용할 수 있다. 무선 인터넷 연결의 확대로 기존 텍스트 중심 정보의 한계를 넘어서 다양한 커뮤니케이션을 강화할 수 있는 이미지, 동영상 등 디지털미디어 형태의 컨텐츠 확장 용도로 QR코드 활용이 점차 늘어나고 있다.

누구나 손쉽게 제작 가능
전문가가 아니라도 누구나 쉽게 QR코드를 제작하거나 디자인하는 일이 가능해졌다. 포털 및 QR코드 무료 제작 사이트를 이용하면 개인 ID를 하나 만드는 것처럼 손쉽게 QR코드를 제작할 수 있다. 이렇게 제작한 QR코드는 개인 블로그나 명함 등에 부착하여 개인 홍보 목적으로 활용할 수 있다. 기업 또한 상품이나 서비스 홍보를 위하여 카탈로그나 전단지에 사용할 목적으로 QR코드 제작에 뛰어들고 있다.

라이선스 비용 없이 무료로 이용
덴소웨이브가 QR코드의 보급 확대를 위하여 특허 권리를 행사하지 않은 덕분에 기업 및 개인은 QR코드 제작에 따른 별도 라이선스 비용을 지불하지 않고도 무료로 QR코드를 이용할 수 있게 되었다. 코드 제작에 비용 부담이 없다는 점 때문에 개인뿐만 아니라 소규모 사업자들은 손쉽게 이용할 수 있는 QR코드에 더욱 주목하게 되었다. 이러한 요인들 때문에 QR코드는 다른 2차원 코드를 누르고 활성화될 수 있었다.

QR코드의 활성화 양상

국내에서는 자동차 및 물류 업계에서 QR코드를 사용해왔지만, 소비자를 대상으로 본격적으로 QR코드를 처음 선보인 것은 대한항공이었다. 대한항공은 2004년 11월부터 국내선 탑승권에 좌석번호, 항공편 명, 승객 이름 등의 정보가 담긴 QR코드를 도입한 바 있다. 외국 관광객을 대상으로는 QR코드로 관광 안내센터, 호텔, 여행사, 음식점, 문화유적지 등의 정보를 제공하기도 했는데, 현재에 비하면 제한적인 활용이었다.

국내 QR코드가 활성화된 것은 2010년 스마트폰 가입자가 폭발적으로 증가하면서부터이다. 이와 같은 추세를 반영해 QR코드를 비롯한 2차원 바코드 특허출원도 2010년 들어 급증했다. 특허청을 따르면 2차원 바코드 관련 특허출원은 2008년 29건, 2009년 17건에 머물렀으나 2010년 10월 말에는 71건으로 크게 늘어났다. 삼성전자, LG전자 등 대기업 출원은 75건(23.2%)인 데 비해 개인이나 중소기업 출원은 247건(76.8%)으로 나타나 다양한 주체가 QR코드를 활용한 비즈니스에 관심을 두는 것으로 분석되었다. 스마트폰 가입자가 늘어나면서 기업들은 젊고 스마트한 세대의 호기심을 자극하고 반응을 이끌어내기 위해서 마케팅 홍보 수단으로 적극적으로 QR코드를 활용하는 것으로 보인다.

국내 사용자의 QR코드 인식

시장조사 전문기관 트렌드모니터trendmonitor.co.kr가 2011년 1월 스마트폰 사용자를 대상으로 조사한 결과 QR코드의 인지율은 73%로 70.3%인 바코드보다 더 높게 나타났다. 특히 남성과 25~29세 스마트폰 사용자들의 인지율이 높았다.

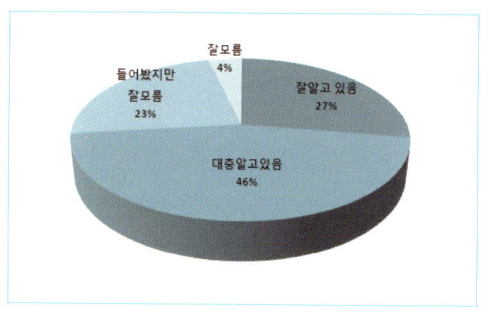

QR코드 인지경험
자료 | 트렌드모니터

전체 응답자의 66%는 바코드 스캔 앱을 설치한 경험을 가지고 있었으며, 1차원 바코드(67.4%)보다는 QR코드(89.1%)의 스캔 경험이 많았다. 특히 아이폰보다 갤럭시S 사용자의 QR코드 스캔 경험이 높게 나타났다.

QR코드를 스캔하는 이유로는 호기심(49.7%)과 궁금증(45.6%) 해소가 주된 목적이었다. 또한 이벤트 참여(44.2%)가 제품 정보 확인(42.7%)보다 더 중요한 사용 이유로 나타났다. 즉 QR코드가 단순히 제품 정보 전달을 위한 수단에 그치지 않고, 소비자의 관심을 끌 수 있는 마케팅 요소를 지닌다고 할 수 있다. 기존의 바코드와 다른 형태의 이미지가 호기심을 이끌어내며 다양한 이벤트와 연계되어 제품 홍보의 방법으로 이용되는 것이다. 기존 1차원 바코드보다 QR코드에 대한 인지도와 스캔 경험이 더 높게 나타난 것은 이 같은 관심 유발의 측면 때문이었다고 볼 수 있다.

소비자들은 1차원 바코드와 QR코드가 담고 있는 내용이 비슷하다는 데 34.5%만이 동의하는 것으로 나타났다. 즉 1차원 바코드에 비해 디자인 형식이 변화된 QR코드가 차별화된 내용을 가지고 있다고 생각하는 것으로 조사되었다.

QR코드를 스캔한 제품으로는 식품류(54.9%)가 가장 많았으며, 다음으로 음악, 영화, 공연 등 문화 컨텐츠(53.4%), 그리고 전자제품(43.0%), 도서(41.5%)의 순서로 이용하는 것으로 나타났다. QR코드 스캔을 통하여 제품을 구매한 경험은 52.9%로 상당히 높게 나타났다. 그러나 QR코드를 통한 소셜미디어 정보 공유는 30.1%로 저조한 수준이었다.

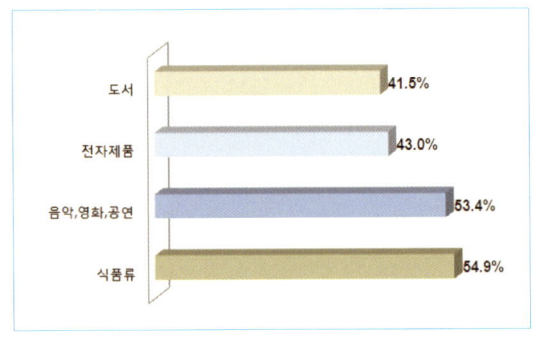

QR코드 스캔 경험 제품
자료 | 트렌드모니터

2 국내 분야별 비즈니스 활용 사례

2010년 3월까지만 해도 QR코드를 활용하는 기업은 인터파크 한 곳밖에 없었다. 그러나 현대자동차가 성공적으로 QR코드 마케팅을 전개한 이래, 현재 QR코드는 백화점, 할인점 등의 유통업체뿐만 아니라 패션, 뷰티 업체들의 상품 정보 제공 및 마케팅 프로모션 수단으로 폭넓게 사용되고 있다. 최근에는 가전, 병원, 건설 업체 등 더욱 다양한 업종에서도 QR코드를 도입하는 추세이고, 그 활용 범위는 여전히 확장 중에 있다.

아직 대다수 국내 기업들의 QR코드 활용은 기존 광고나 인쇄 매체의 지면 한계 때문에 제공하지 못하던 상품 소개, 제품 스토리, 광고 CF, 카탈로그 등 정보 전달 수준에 머물고 있는 것이 사실이다. 그렇지만 점차 스마트폰 가입자 및 기업의 모바일 웹페이지 개설이 보편화되면서 QR코드를 활용한 고객관리, 물류, 결제 등의 다양한 비즈니스 접근이 이루어질 것으로 보인다.

이제 국내 기업들이 비즈니스 및 마케팅에 QR코드를 성공적으로 활용한 사례를 분야별로 살펴보겠다.

유통 분야

국내에서 QR코드의 활용성을 가장 먼저 인정한 곳은 유통 분야이다. 이들은 마케팅 프로모션에 적극적으로 QR코드를 활용해왔다. 백화점, 할인점 등의 유통업체는 기존 고객에게 배포하던 전단지, 카탈로그, 쿠폰 등을 QR코드로 대체하고 있다.

기업은 QR코드를 활용하여 원산지 정보, 상품 리뷰 등 다양한 정보를 제공할 수 있다. 더불어 가격비교, 할인행사, 이벤트 쿠폰 다운로드 등 다양한 혜택을 받을 수 있는 기회를 고객에게 제공할 수도 있다. QR코드는 기업의 입장에서는 광고 및 마케팅 비용을 절감할 수 있고, 소비자는 쇼핑, 할인, 가격비교 등을 편리하게 할 수 있다는 장점이 있다.

롯데백화점은 2010년 여름 정기세일 기간 중 본점 광장에 대형 QR코드를 제작해 다양한 상품과 세일 정보를 즉시 확인할 수 있도록 하였다. QR코드를 스캔하여 모바일 사이트에 접속하면 전단지에 미처 다 게재하지 못한 브랜드별 할인율을 알려주고 경품 이벤트, 주요 행사 등의 정보도 볼 수 있다. 롯데백화점은 매장뿐 아니라 문화행사에도 QR코드를 적용해 고객들의 흥미를 자극하고 있다. 본점 갤러리 내에서 열린 미술 전시회 '아름다운 대화'에서는 QR코드 작품 설명 서비스를 도입했다. 작품 옆에 붙어 있는 QR코드를 스마트폰으로 스캔하면 작가와 작품에 대한 정보를 볼 수 있도록 한 시도였다.

롯데백화점 QR코드
출처 | www.yeongnam.co.kr

현대백화점은 2010년 5월부터 스마트폰에서 활용할 수 있는 쿠폰북 QR코드 서비스를 실시하고 있다. 현대백화점 전단, DM 등에 인쇄된 QR코드를 스캔하면 업데이트된 최신 쿠폰 북을 다운로드할 수 있다. 매주 발행하는 전단 및 사이트를 통해서도 쿠폰을 다운로드할 수 있는 QR코드를 제공함으로써 쿠폰 북을 우편으로 받지 못하는 고객도 혜택을 받도록 서비스를 실시하고 있다. 2010년 8월 모바일 사이트를 개설한 뒤 신규가입 이벤트 등 프로모션을 진행하며 전단이나 신문광고에 QR코드를 삽입한 결과 일일 방문자 수가 1,500명에서 5,000명으로 증가했다.

신세계백화점은 장기적으로 기존의 종이 전단지를 대체하는 수단으로 스마트폰 앱을 적극 활용하려 하고 있다. 모바일 앱인 〈신세계 쇼핑 도우미〉를 활용하여 온라인 전단지 확인, QR코드 인식, 포인트 실시간 확인 같은 기능을 제공하고 있다. 사용자는 이 앱과 QR코드를 통해 매장 내 상품 정보 및 할인 정보를 확인할 수 있으며 다양한 이벤트에 실시간으로 참여할 수도 있다.

이마트는 신문광고에 QR코드를 인쇄하여 이마트의 다양한 정보를 제공했다. 신문에 나와 있는 QR코드를 스마트폰으로 스캔하면 신문광고에 나오지 않은 다른 행사 제품도 확인할 수 있고 일별 프로모션 내용도 더욱 자세히 체크할 수 있다. QR코드로 커뮤니티와 광고 동영상을 확인할 수 있으며 바로 구매까지 할 수 있다.

이마트 신문광고 QR코드와 연결된 페이지

신라면세점의 경우 일본 고객을 대상으로 QR코드 서비스를 진행하고 있다. QR코드에 익숙한 일본인들은 스마트폰이 아닌 피처폰을 통해서도 QR코드를 인식할 수 있기 때문에 신라면세점은 일본인 고객을 위한 모바일 사이트를 개설하고 QR코드를 통해 접속 가능하도록 했다. 모바일 사이트에서는 행사 또는 쇼핑 정보를 확인할 수 있고, 멤버십 가입도 가능하다. 철저한 사전조사를 펼친 결과, 일본인의 면세점 방문 및 구매가 증가하는 성과를 냈다.

신라면세점 QR코드

일본 관광객이 많이 찾는 동대문 두타의 경우 일본인 관광객 유치를 위하여 표지판만으로는 부족한 매장 안내를 QR코드를 활용하여 보완하고 있다. QR코드를 도입한 결과 일본인 관광객들이 평균 10% 이상 증가한 것으로 나타났다.

  GS샵은 쇼핑 카탈로그와 TV 홈쇼핑에 QR코드를 도입해 상품 상세정보와 실시간 고객 상품평을 제공하고 있다. 또한 방송 중에 고객들이 바로 QR코드를 통해 경품을 응모하고 이벤트에 참여할 수 있도록 하고 있다.

  롯데홈쇼핑은 2010년 8월부터 카탈로그나 온라인 쇼핑몰에 QR코드를 게재하고 있으며 TV 홈쇼핑 생방송 중 노출되는 QR코드를 자동으로 이벤트 페이지에 연결되도록 하였다. 카탈로그 표지 및 TV 화면상의 QR코드를 스캔하면 동영상 상품 정보가 제공되며, 구매를 원하는 고객은 신용카드나 무통장 입금을 통해 손쉽게 결제까지 가능하다. QR코드를 이용하면 바로 상품 정보를 조회할 수 있을 뿐 아니라 전화 상담원을 거치지 않고 바로 구매가 가능하다. 더불어 QR코드를 통한 쇼핑은 전화가 몰리는 시간에 대체 주문 수단으로도 활용되고 있다.

롯데 홈쇼핑 카탈로그의 QR코드
출처 | www.asiae.co.kr

CJ오쇼핑은 새롭게 선보이는 기업 광고에 QR코드를 넣고 '모바일 쇼핑의 중심'이라는 슬로건을 내세울 정도로 방송, 카탈로그, 상품 등 다양한 분야에 QR코드를 적극 활용하고 있다.

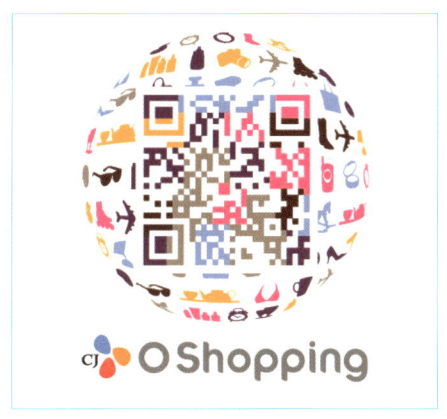

CJ오쇼핑 로고의 QR코드
출처 | piamo.kr (QR코드 디자인 by 피아모)

〈쇼핑스타K〉와 같은 이색 방송 프로그램의 경우 생방송 중 하단에 QR코드를 노출하여 모바일 페이지로 연결해 프로그램에 대한 자세한 정보를 제공했다. 2010년 10월 카탈로그부터는 인기 상품의 QR코드를 넣어 모바일 구매를 유도하고 있다. TV 홈쇼핑을 통해 판매하는 패션 상품에는 택배에 QR코드를 부착하여 고객이 패션 코디를 받을 수 있게 하는 '스마트 코디 북' 서비스도 제공하고 있다. QR코드가 부착된 상품을 배송받은 고객이 스마트폰으로 QR코드를 찍으면 해당 상품과 코디하기 좋은 다양한 패션 아이템을 추천해주며 모바일 매장을 둘러볼 수 있게 하는 서비스이다. CJ오쇼핑은 이외에도 여성지에 화보 형태로 상품을 소개하고, 해당 페이지에 노출된 QR코드를 찍으면 바로 상품을 구매할 수 있도록 했으며, 향후에는 택배 운송장에도 QR코드를 활용할 예정이다.

  온라인 쇼핑몰 인터파크는 QR코드를 인식하면 해당 상품 전용 할인 쿠폰이 발급되는 'QR코드 전용 할인 쿠폰' 서비스를 제공하고 있다. 해당 상품의 QR코드를 스캔하면 상품 구매 시 사용할 수 있는 1,000원 할인 쿠폰이 즉시 발급된다. 이는 다른 할인 쿠폰과 중복 사용도 가능해 상품을 더욱 저렴하게 구입할 수 있다는 점이 특징이다. 이를 통해 인터파크는 10월 QR코드를 통한 방문자가 전월 대비 37%, 주문건수는 57% 증가하는 효과를 거두었다.

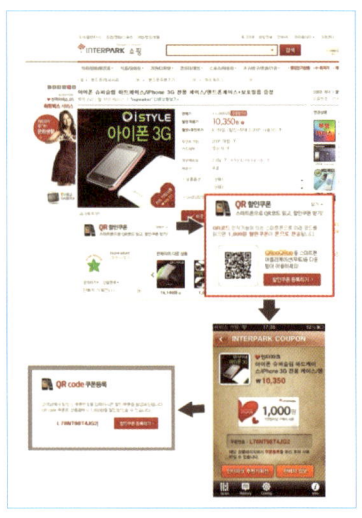

인터파크 할인쿠폰 QR코드
출처 | etnews.co.kr

11번가는 QR코드를 통해 가격비교를 할 수 있게 하는 스마트폰 앱 〈바스켓〉을 제공하고 있다. 또한 매장의 한계를 극복하기 위하여 서울역에 132~165m^2 규모의 QR코드 전용 체험관을 열어 11번가에서 판매하는 생활용품과 가전제품 등을 진열하고 있다. 오픈마켓의 특성상 국내에서 생산 및 거래되는 상품을 전부 진열할 수는 없기 때문에 안내책자에 QR코드를 붙여 상품 안내 및 구매를 할 수 있도록 한 것이다.

11번가 QR코드 전용 체험관
출처 | www.segye.com

소셜커머스 업체 위메이크프라이스wemakeprice.com는 소셜쇼핑 구매에 따른 판매관리를 위하여 QR코드를 적용하고 있다. 1,000곳이 넘는 레스토랑, 동네 상점, 의류 업체 등 소규모 업체의 경우 판매자의 이름이 적힌 두꺼운 서류를 들고 관리해야 하는 불편함을 QR코드로 해결하였다. 구매자에게는 문자메시지로 QR코드 쿠폰을 보내 줘 따로 출력하지 않아도 되게 했고, 판매자는 QR코드를 인식하면 자동으로 판매관리가 되도록 하였다.

위메이크프라이스 QR코드
출처 | mk.co.kr

신문/잡지/도서 분야

침체된 신문, 잡지 등 도서 분야를 활성화할 수 있는 새로운 대안이 QR코드이다. 기존 인쇄 매체가 가지는 지면의 한계 때문에 기사나 광고로는 다양한 정보를 제공하는 데 한계가 있었다. 그렇지만 QR코드를 통하여 인쇄 매체가 가질 수 있는 매체의 신뢰성을 기반으로 3D, 영상, 음악, 게임, 쇼핑 등과 결합된 새로운 컨텐츠를 제공한다면 매체의 효과성을 증대할 수 있다. QR코드를 통해 독자는 실시간으로 정보 확인이 가능하고 단순히 기사나 책을 읽는 것에 그치지 않고 멀티미디어 기반의 보고 듣는 경험을 통해 색다른 느낌을 제공받을 수 있다.

경향신문은 QR코드를 신문에 게재해 국내 최초로 신문과 동영상이 결합된 모바일 서비스를 제공했다. 신문 지면에 있는 QR코드를 인식하면 실시간 기사 외에 동영상, 화보, 음악 등 멀티미디어 컨텐츠에 접근할 수 있다. 경향신문은 스포츠칸 등 계열사의 기사 및 광고에까지 QR코드 서비스를 제공한다. 이외에도 전자신문, 데일리포커스 등이 QR코드를 도입해 모바일 정보를 제공하고 있다.

경향신문 QR코드

국내에서 최초로 잡지에 QR코드를 접목한 것은 여성 패션지 〈더블유 코리아〉였다. 〈더블유 코리아〉 2010년 3월호에는 20여 개의 광고와 기사에 QR코드가 배치되었다. 화보의 경우 QR코드를 스캔하면 메이킹 동영상을 바로 감상할 수 있도록 연결되었으며, 광고는 해당 상품의 추가적인 이미지와 영상을 볼 수 있는 것은 물론 매장 위치를 지도로 확인하거나 브랜드 웹사이트로 연결할 수 있도록 하였다.

남성 잡지 〈맥심〉은 재창간호인 2010년 5월호부터 스마트폰 유저를 위한 컨텐츠인 QR코드를 도입했다. 〈맥심〉은 인기 미국드라마 〈빅뱅 이론The Big Bang Theory〉의 여주인공 칼리 쿠오코Kaley Cuoco를 표지 모델로 내세우고 각 페이지마다 QR코드를 삽입해 독자들로 하여금 다양한 컨텐츠를 다양한 방식으로 즐길 수 있도록 구성하였다.

남성 잡지 〈맥심〉 QR코드

김영수 작가가 펴낸『사마천 인간의 길을 묻다』는 장마다 하나씩 QR코드가 게재되어 있다. QR코드를 스캔하면 저자인 김영수 교수가 중국의 사마천 유적을 독자들에게 동영상으로 소개해 역사의 현장을 둘러보면서 독서하는 색다른 경험을 할 수 있다.

도서출판 푸른숲은『뉴욕, 비밀스러운 책의 도시』를 시작으로 외국소설 시리즈에 QR코드를 활용해 젊은 독자들의 호기심을 자극하고 있다. 이 책의 띠지에 부착된 QR코드를 스캔하면 뉴욕의 특색 있는 서점 사진은 물론 이들 서점을 찾아가는 방법 등이 구글맵을 통해 소개된다.

최제훈 작가의 첫 장편소설『일곱 개의 고양이 눈』은 네 개의 중편이 모여 하나의 장편을 이루는 '픽스업' 형식으로 구성된 책이다. 「여섯 번째 꿈」, 「복수의 공식」, 「π」, 「일곱 개의 고양이 눈」 등 각 중편이 시작하는 쪽마다 부착된 QR코드에는 각 장이 내포하는 총체적 이미지와 음악이 담겨 있어 소설의 전체적인 구성의 흐름을 느끼는 데 도움을 준다.

『일곱 개의 고양이 눈』 본문 QR코드

패션/화장품 분야

최신 트렌드에 민감한 패션, 뷰티 업계는 QR코드 도입에 적극 나서고 있다. 특히 패션, 뷰티 업계는 신기술을 조기에 도입해 최신 트렌드를 선점한다는 차원에서도 QR코드 도입에 적극적이다. 젊은 소비자층을 대상으로 하는 패션, 뷰티 업체는 제품 로고나 이미지 컬러를 활용하여 독특한 디자인의 QR코드를 제작하여 브랜드 이미지를 강조하는 데 많이 활용하고 있다.

패션, 뷰티 제품의 경우 하나의 브랜드에 다양한 종류의 디자인 및 컬러가 있기 때문에 인쇄 매체로는 제한된 정보를 담는 데 한계가 있다. 그러나 QR코드를 이용하면 브랜드에 따른 상품 정보, 카탈로그, 동영상 화보 등의 방대한 정보를 제공할 수 있다. 매장 내에서 제품 선택 시 현장에서 바로 QR코드로 연결하여 다양한 코디 및 스타일 팁을 제공받아 자신의 스타일에 맞는 제품을 선택할 수도 있다.

남성복 브랜드인 켈번Kelburn은 상품의 태그에 QR코드를 부착했다. QR코드를 스캔하면 동영상이 재생되며 옷을 만든 디자이너들이 모델과 함께 등장해 직접 해당 제품의 코디 팁을 들려준다. 또 모델들이 실제로 제품을 착용하는 동영상을 볼 수 있어 소비자가 제품을 선택하는 데 도움을 준다.

켈번 QR코드
출처 | blog.naver.com/clevolution

스포츠 브랜드 스케처스Skechers는 제품의 특징인 다양한 디자인의 제품 정보와 몸매 관리 기능을 깊이 있게 전달할 필요가 있어 광고를 통해 QR코드를 활용하였다. QR코드를 스캔하면 전속 모델 황정음의 똑똑한 몸매관리 비법 동영상이 나온다. 이외에도 TV CF 및 NG 영상, 스타일 화보 등을 감상할 수 있다. 제품의 특징을 살펴본 후 해당 제품의 구매 페이지로 바로 접속할 수 있어 유용하다.

스케처스 QR코드
출처 | qrwiz.com

제일모직 빈폴은 신상품 알리샤 라인 백의 제품을 홍보하기 위하여 알리샤 백의 디자인으로 구성된 현대적이면서 감각적인 디자인 QR코드를 제작하여 제품 홍보에 활용하였다. QR코드를 스캔하면 알리샤 라인 백의 상세한 정보와 이벤트 소식을 볼 수 있다.

빈폴 알리샤 백 QR코드
출처 | okfashion.co.kr

아모레퍼시픽은 브랜드 라네즈의 화장품 광고에 QR코드를 도입하였다. 패션잡지인 〈보그걸〉과 〈에스콰이어〉에 수록한 '라네즈 화이트플러스 리뉴'와 '라네즈 옴므 BB로션' 제품 광고에도 QR코드를 게재하여 제품에 대한 정보뿐만 아니라 동영상 컨텐츠, 광고 컷, 브랜드 웹사이트 링크 등을 제공하고 있다. 또한 이니스프리의 신제품 '화산송이'를 광고하는 데에도 QR코드를 적극 활용하고 있다.

소망화장품은 '다나한 RGII 프리미엄 EX'의 QR코드를 제작해 브랜드 마케팅을 전개하고 있다. QR코드를 활용하여 광고와 제품 소개는 물론 지난 12년간 연구한 Rg2 성분에 관한 이야기, 전국 400여 개의 뷰티크레딧 매장에 관한 정보, 출시예정인 신제품에 대한 업데이트는 물론 진행 중인 이벤트에 대한 정보도 실시간으로 제공할 계획이다.

다나한 RGII 프리미엄 EX 이벤트 QR코드
출처 | www.somangcos.co.kr

수입화장품 전문업체 어반스페이스는 준 제이콥스, 멜린 앤 게츠, 순다리 등 브랜드별로 각각의 QR코드를 만들어놓고 브랜드별 설명 및 컨셉을 모바일 사이트에서 확인할 수 있게 했다. 각각의 모바일 사이트는 트위터와 연동되어 있어 즉석에서 친구에게 제품을 소개할 수 있다.

어반스페이스 QR코드
출처 | urbanspace.kr

애경의 프리미엄 샴푸 브랜드 케라시스는 신제품 홍보 및 고객 체험을 유도하기 위한 방안으로 QR코드를 활용했다. 모발 타입별 맞춤형 샴푸 케라시스 살롱케어를 선보이는 거리 홍보 이벤트를 위해 모델들의 볼과 어깨에 QR코드를 새겼다. 행사 현장에서 시민들은 모델의 볼과 어깨에 새겨진 QR코드 보드를 스마트폰으로 직접 촬영해 체험단에 등록하면 즉석에서 케라시스 살롱케어 신제품을 받을 수 있었다.

애경 케라시스 QR코드
출처 | kerasys.net

음료/제과 분야

음료, 제과 등은 QR코드를 도입하려면 제품 포장지를 전부 바꿔야 하기 때문에 대응이 느린 편이다. 그러나 최근 제품 포장지 안에 QR코드 스티커를 넣어 다양한 게임이나 마일리지 적립을 할 수 있도록 하는 방식을 도입하고 있다.

음료 및 제과 제품 QR코드의 가장 큰 특징은 제품 성분 및 영양소는 물론 제품 활용을 위한 다양한 조리법 노하우 등을 제공한다는 점이다. 물론 제품에 관한 브랜드 이미지를 강화하기 위해서도 QR코드가 활용되는데, QR코드에 브랜드 철학과 컨셉 등을 담아 전달하거나 방영되는 TV CF나 CM 송 등 멀티미디어 정보를 제공하는 방식이다.

크라운-해태는 홈런볼, 쿠크다스 같은 매출 상위 품목을 중심으로 33개 브랜드 86개의 제품 포장에 QR코드를 도입했다. QR코드 서비스는 제품에 관한 정보 제공뿐만 아니라 문화 마케팅 및 CRM 데이터를 기반으로 한 타깃 마케팅을 전개하기 위한 목적으로 활용되었다. 이를 위해 제과 제품의 포장 디자인을 전면 리뉴얼하고, 블록 적립과 다양한 학습 게임, 전자책 등을 체험할 수 있는 아트블록 사이트를 개편했으며, 모바일 사이트도 새롭게 오픈하였다. 제품 포장지에 인쇄된 QR코드를 스캔하면 제품 가격의 10%가 '블록Block'이라는 일종의 적립금으로 쌓이고, 이것이 일정 수만큼 쌓이면 크라운-해태가 운영하는 아트밸리나 갤러리 등 다양한 문화 공간과 전시회를 즐길 수 있다.

크라운-해태 제품들 QR코드
출처 | asiatoday.co.kr

오리온은 대표 브랜드 마켓오 출시 2주년을 맞아 '원래 그 맛을 찾다 보니' 시리즈 이벤트에 QR코드를 활용하고 있다. 마켓오 제품의 QR코드를 스캔하면 마켓오 브랜드의 철학과 컨셉 및 리얼브라우니 등 마켓오 제품에 대한 자세한 정보를 찾아볼 수 있다. 또 마켓오 과자의 다양한 레시피나 새로운 CF도 볼 수 있다.

마켓오 이벤트 QR코드
출처 | confectionery.themarketo.com

롯데제과는 껌에 QR코드를 적용하였다. 롯데제과의 인기제품인 아이디 껌의 새로운 시리즈로 등장한 '아이디 미스터리 껌'에 부착된 QR코드를 스캔하면 오렌지, 구아바, 망고, 피치를 섞은 맛을 가진 아이디 미스터리 껌의 특징을 엿볼 수 있다.

롯데 아이디 껌 이벤트 QR코드
출처 | blog.naver.com/younghaemi

TV 광고 등을 통해서 QR코드를 대대적으로 홍보하고 있는 농심은 면류 최초로 '후루룩 소고기짜장면' 제품에 QR코드를 도입하였다. 후루룩 소고기짜장면 외에도 둥지냉면, 둥지쌀뚝배기, 후루룩 국수 등 녹산공장에서 생산하는 웰빙 면류, 그리고 프리미엄 감자칩인 '수미칩' 포장지에도 QR코드를 적용하였다. 이들 제품 포장지의 QR코드를 스캔하면 브랜드 스토리, TV CF 동영상, 라디오 CM 송 등의 정보와 더불어 고객이 다양한 방법으로 조리할 수 있도록 알

려주는 레시피 정보를 제공하고 있다. 농심은 신라면, 안성탕면, 너구리, 짜파게티 등 면류 및 새우깡 등 대표 제품으로 QR코드를 확대 적용할 예정이다.

후루룩 소고기짜장면 QR코드
출처 | nongshim.com

건설/부동산 분야

건설사는 부동산 침체기에 따라 분양 마케팅을 강화하기 위한 목적으로 QR코드를 적극적으로 활용하고 있다. 분양 사무소 직원의 명함이나 전단지, 인쇄 광고, 옥외광고 등에 QR코드를 부착하여 사진, 동영상 등의 분양 정보를 제공하거나 사이버 체험관을 개설해 입주할 아파트를 체험해볼 수 있도록 하고 있다. 모델하우스를 방문하는 고객에게는 시공 자재의 정보를 제공하고 제품을 직접 확인할 수 있도록 QR코드를 활용하고 있다. 부동산 중개업소의 경우는 기존에 사무실 외부에 붙였던 부동산 시세, 추천 매물, 급매 등 인쇄물에 QR코드를 부착하여 중개 매물을 손쉽게 찾을 수 있도록 제공하기도 한다.

롯데건설은 모델하우스에 시공된 제품에 QR코드를 부착하여 스마트폰으로 정보를 확인할 수 있는 'QR코드 자재정보 시스템'을 제공하고 있다. QR코드 자재정보 시스템은 모델하우스에 적용된 가전, 기기, 창호, 홈네트워크 등 제품 안내판에 QR코드를 부착하여 고객이 스캔하면 바로 모바일로 관련 정보를 확인할 수 있게 해주는 서비스다.

예를 들어 '빌트인 가전 대기전력 차단스위치'에 부착된 QR코드를 찍으면 이 제품이 전기요금의 10~15%를 차지하는 대기전력을 차단해주며 전력사용량 조회 기능까지 갖추고 있음을 자세히 설명해준다.

롯데건설은 QR코드를 도입함으로써 고객들이 모델하우스를 살펴보면서 궁금한 사항들을 그 자리에서 바로 확인할 수 있도록 하여 고객서비스를 강화하였다. 모델하우스에 사용한 자재의 상세정보를 입주 예정자에게 공개해 고객에게 신뢰받는 기업 이미지를 심어주는 데에도 성공했다.

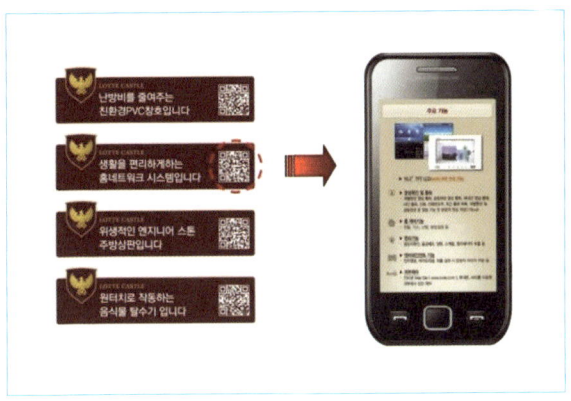

롯데건설 QR코드 자재정보 시스템
출처 | lotte.co.kr

GS건설은 자사 아파트 브랜드인 '자이'의 브랜드 QR코드를 만들어 분양 광고나 모델하우스, 옥외광고, 신문광고 등에 활용하여 분양 마케팅을 강화하고 있다. 광고물에 부착된 QR코드를 스캔하면 바로 자이의 모바일 웹페이지로 연결되어 다양한 분양 정보를 실시간으로 확인할 수 있다. 이외에도 고객들을 대상으로 진행되고 있는 문화행사 및 이벤트 정보를 제공하고 있다.

GS건설 자이 QR코드
출처 | xi.co.kr

부동산114, 스피드뱅크와 같은 부동산 정보 업체들은 건설사보다 한 걸음 앞서 이러한 서비스를 시행해왔다. 이들 중개업소의 QR코드를 스캔하면 해당 중개업소의 추천 매물을 한 번에 찾아 그 정보를 볼 수 있으며, 바로 전화로 연결할 수도 있다.

가전 분야

가전제품은 제품 홍보와 브랜드 이미지 전달뿐만 아니라 고객에게 제품 기능에 관한 정보 전달과 체험을 할 수 있도록 QR코드를 활용하고 있다. 인쇄 매체의 제한된 지면으로는 사진과 텍스트로 차별화된 제품의 기능을 설명하는 데 한계가 있다. 따라서 동영상을 이용해 고객 체험을 강화하는 것이다. 제품에 관한 사용법에 관한 의문이나 문제가 발생하면 고객이 QR코드를 이용해 문제원인을 파악하고 즉각적으로 대응할 수 있도록 하고 있다.

 삼성전자는 버블 드럼세탁기 제품 세이프티 라벨에 QR코드를 적용했다. 드럼세탁기는 문이 열려 있거나 탈수가 진행되지 않은 경우 등 세탁 과정에서 문제가 발생하면 디스플레이에 오류가 표시된다. 화면에 표시된 디스플레이 정보를 파악하기 위해서는 매뉴얼 북을 찾아야 하는 번거로움이 있는데 버블 드럼세탁기에 부착된 QR코드를 스캔하면 오류의 종류를 손쉽게 파악해 문제의 원인을 알 수 있다. QR코드를 활용하여 간편하고 편리하게 세탁기를 활용하고 고객들에게 혁신적이고 차별화된 버블드럼세탁기의 이미지를 심어주고 있다.

삼성전자 버블 QR코드

출처 | sec.co.kr

금융/결제 분야

은행권은 고객들이 더욱 빠르게 은행 서비스를 이용할 수 있도록 QR코드를 활용하여 상품의 정보, 상품 조회, 영업점 위치를 확인할 수 있도록 제공하고 있다. 증권사의 전용 모바일 트레이딩 시스템에도 QR코드를 인식할 수 있는 기능을 추가하여 간편하게 증권 서비스를 이용하는 한편 실시간으로 시황정보를 볼 수 있도록 하고 있다. 투자사의 경우 고객들에게 제공되는 다양한 투자상품 소개 및 자산현황 정보에 QR코드를 적용하고 있다.

카드사는 금융권 중에 QR코드 도입에 가장 적극적이다. 대부분의 소비자들이 여러 장의 카드를 보유하고 있어 카드사가 제공하는 혜택이나 이벤트 정보를 확인하는 게 쉽지 않기 때문에 옥외광고나 가맹점에 QR코드를 부착하여 고객들이 손쉽게 카드 혜택 정보를 확인할 수 있도록 하고 있다.

결제 업체들은 QR코드를 온라인 및 소규모 상품 결제에 활용하고 있다. 전단지, 제품 외관, 메뉴판, 청구서 등에 부탁된 QR코드를 스캔하면 카드나 지갑을 꺼내지 않고도 바로 주문과 결제가 이루어지는 시스템이다. 이러한 QR코드 결제는 모바일 커머스 시장이 본격적으로 확대되면 급성장할 가능성이 있다.

은행권 사례를 먼저 살펴보면, 농협이 QR코드를 활용한 통장을 출시하였다. '신난다 후토스 어린이 통장' 뒷면에 QR코드를 인쇄하여 농협 모바일뱅킹용 앱, 신상품 정보, 이벤트, 영업점 찾기 등의 서비스를 빠르고 쉽게 이용할 수 있도록 하고 있다.

농협 어린이 통장 QR코드
출처 | ajnews.co.kr

미래에셋은 투자자에게 제공하는 자산운용보고서에 QR코드를 적용했다. 여기에 부착된 QR코드를 스캔하면 각 펀드의 특징 및 수익률, 향후 운영계획 등 각종 정보를 동영상으로 볼 수 있다.

미래에셋 자산운용보고서 QR코드

하나SK카드는 QR코드 및 스마트태그를 도입해 신용카드 혜택과 이벤트 마케팅 등 모바일을 통해 편하게 검색할 수 있게 하는 스마트서비스를 제공하는 데 활용하고 있다. 하나SK카드는 고객이 가장 손쉽게 접촉할 수 있는 카드 뒷면, 청구서, 사용등록 스티커, 달력 등 4대 채널을 선정해 QR코드와 MS 스마트태그를 적용하였다. 고객이 코드를 스캔하면 각 카드의 특화 서비스와 월별 카드 프로모션, 마케팅, 뉴스 등을 즉시 확인할 수 있다.

하나SK카드 스마트태그
출처 | asiatoday.co.kr

이니시스는 누구나 QR코드를 활용하여 손쉽게 결제를 할 수 있는 결제 시스템인 '이니코드' 서비스를 구축하여 제공하고 있다. 온라인 판매자가 제품 정보만 등록하면 해당 제품을 결제할 수 있는 QR코드가 생성되며, 이 QR코드는 TV 및 전단지나 신문, 잡지 등 판매자가 원하는 모든 곳에 부착하여 사용할 수 있다. QR코드를 스캔하면 주문과 결제가 이루어지며 결제가 완료되는 즉시 구매정보와 배송정보가 실시간으로 판매자에게 전달된다. QR코드를 통해 소비자는 한 번에 편리하고 안전한 결제를 할 수 있으며, 온라인 판매자의 경우 오프라인의 인쇄 매체, 광고 매체를 통한 판매도 가능해진다는 장점이 있다.

이니코드 QR코드 결제

출처 | inicis.com

전시/행사/공연 분야

전시, 행사, 공연 분야의 경우 홍보를 위하여 팸플릿, 전단지, 포스터 등에 QR코드를 부착하여 행사 내용에 대한 소개와 위치 정보를 제공하고 이벤트 참여를 위한 초대권 발급이나 예매 및 결제 서비스까지 제공할 수 있다. 박물관, 갤러리, 박람회 등의 전시 및 행사 장소에 QR코드를 활용하여 각각의 전시 위치 및 전시품에 관한 상세한 설명과 함께 사진, 동영상을 제공할 수 있는 것이다.

공연 안내 포스터에 QR코드를 부착하면 공연 시간 및 공연 위치 등의 간단한 정보 외에도 공연 일정, 공연 순서, 공연 스토리, 주인공 소개, 공연 사진 및 동영상, 이벤트 참여 등의 풍성한 정보를 사전에 제공할 수 있어 홍보 효과를 높일 수 있다.

국립중앙박물관은 서비스 이용 편의성을 높이기 위하여 박물관 진열장에 QR코드를 부착하여 전시 유물에 관한 설명을 들을 수 있도록 하였다. 또한 실시간으로 박물관의 특별전시 일정도 제공할 수 있다.

국립 과천과학관은 실감 나는 과학 체험이 가능하도록 전시물에 QR코드를 부착하였다. 관람객은 전시품에 부착된 QR코드를 스캔하면 과천과학관의 주요 전시관, 전시품 등에 대한 더욱 자세하고 다양한 설명과 사진, 동영상을 감상할 수 있다. 또한 관람객들은 모바일 페이지에 접속하여 전시품에 대한 새로운 정보를 제공받거나 댓글을 통해 의견이나 소감을 남길 수도 있다.

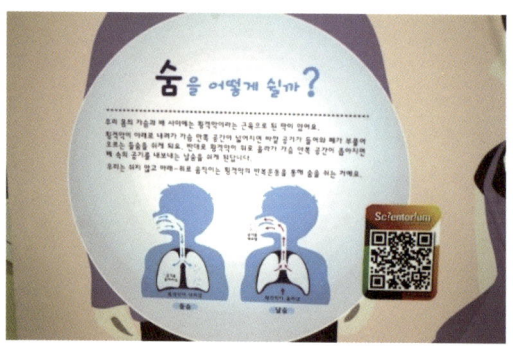

국립 과천과학관 전시물 QR코드
출처 | blog.naver.com/deepp

서울시는 '서울 디자인 한마당 2010'의 행사 소개 및 20여 개의 프로그램에 대한 안내를 위하여 QR코드를 제작하였다. 이 QR코드는 서울 디자인 한마당 2010의 심벌 마크인 조각보 모티브를 활용하여 청색, 적색, 녹색, 황색, 검정색을 주요 색상으로 삼았다. QR코드를 보는 순간 디자인 한마당이 연상되도록 디자인된 것이다.

서울 디자인 한마당 QR코드
출처 | sdf.seoul.go.kr

또한 관람객들을 대상으로 QR코드 북을 배포함은 물론 홍보 안내물 및 포스터 등의 인쇄물, 웹사이트, 옥외 안내물 등에 디자인 QR코드를 삽입해 시민들이 길을 걷다가도 언제 어디서나 QR코드를 스캔할 수 있도록 하였다.

이들 디자인 QR코드를 스캔하면 서울 디자인 한마당에서 펼쳐질 20여 개의 프로그램 안내는 물론 사진, 동영상, 이벤트와 트위터 서비스에 이르기까지의 다양한 정보를 접할 수 있다. QR코드를 통해 사전에 관람 동선과 일정을 설계하고, 관람 시에는 이를 도슨트(안내인)로 삼을 수도 있다.

또한 프로그램별 QR코드를 통해 미리 연사와 주제, 그리고 일정을 확인할 수 있게 하여 관람객이 자신의 필요에 맞는 세션에 참여할 수 있도록 배려하였다.

프로그램별 QR코드
출처 | blog.naver.com/sdesignfair

한국 결혼박람회는 QR코드로 초대장을 발송할 수 있도록 하였다. QR코드로 초대권을 스캔하면 문자로 모바일 초대장이 발송되고, 이를 이용하면 현장에서 손쉽게 입장할 수 있어 편리하게 관람이 이루어지도록 하였다.

한국결혼박람회 QR코드 초대권
출처 | wef.co.kr

신승훈은 데뷔 20주년과 월드투어 콘서트 공연 포스터에 QR코드를 부착하여 다양한 미공개 영상과 사진, 공연 일정 등을 소개하였다. 일상 모습이 담긴 사진부터 공연의 일부 실황, 20주년 베스트 앨범에 수록된 신곡 〈유 아 소 뷰티풀You are so beautiful〉 뮤직비디오도 QR코드를 통해 감상할 수 있다.

신승훈 공연포스터 QR코드
출처 | spn.edaily.co.krb

뮤지컬 〈젊은 베르테르의 슬픔〉은 광고지 및 전단지에 QR코드를 인쇄했을 뿐만 아니라 별도의 QR코드 포스터까지 제작 및 배포하였다. QR코드에 접속하면 뮤지컬 정보, 캐스팅, 일정, 트위터, 사진 다운로드 등의 서비스를 제공받을 수 있었다. 이외에도 〈키스 미, 케이트〉, 〈스토리 오브 마이 라이프〉 등 여러 뮤지컬 역시 공연 홍보를 위하여 QR코드를 활용한 바 있다.

〈젊은 베르테르의 슬픔〉 QR코드

출처 | jknews.co.kr

〈키스 미, 케이트〉 QR코드

출처 | artsnews.co.kr

여행/관광 분야

여행, 관광 분야의 경우 지역 축제나 외국인 관광객을 위한 안내 목적으로 QR코드를 활용하고 있다. 관광지에는 현장에서 바로 관광지에 관한 궁금한 정보를 해결할 수 있도록 안내판이나 안내책자에 QR코드를 도입해 사진, 동영상 제공은 물론 음성 안내까지 지원하고 있다. 여행객 유치 및 홍보를 위해 안내 포스터 및 가이드 책자에 QR코드를 부착하여 지역별 관광명소와 여행 정보, 테마관광, 음식, 숙박 등 다양한 정보를 소개하고 있다. 국내의 경우 특히 일본인 관광객을 유치하기 위하여 각 지방자치단체에서 지역별 축제나 관광명소 소개 홍보에 QR코드를 적극 활용하고 있다.

한국관광공사는 외국인 관광객을 위하여 QR코드로 한국 관광정보 영문 안내책자인 「Visit KOREA QR-Code Book」을 제작하였다. 이 안내책자는 국가 정보와 음식, 숙박, 테마관광(템플스테이, 의료관광 등), 지역별 관광지, 기타 여행 정보 등과 관련된 100여 개의 QR코드를 담고 있다.

한국 관광공사 QR코드
출처 | piamo.kr (QR코드 디자인 by 피아모)

외국인 관광객이 많이 찾는 청계천 관광공사 빌딩도 디자인 QR코드를 적용하였다. QR코드를 스캔하면 한국 관광 홍보 영상, 추천 여행지 정보, 고궁 소개 영상, 한류스타들이 출연한 웹드라마 〈하루〉 등 다양한 정보를 한국, 영어, 일어 3개국 언어로 볼 수 있도록 제공한다.

지역 축제 홍보를 위하여 태백시는 '쿨 시네마 페스티벌'에서 화개장터 벚꽃축제, 하동 야생차문화 축제, 북천 코스모스/메밀꽃 축제 등에 QR코드를 도입하였다. QR코드를 활용해 축제 홍보 및 외국인용 안내 정보를 제공하였다.

태백 쿨 시네마 페스티벌 QR코드
출처 | taebaek.go.kr

수원시는 맛집 정보를 찾는 여행객들이 손쉽게 음식점 정보를 찾을 수 있도록 QR코드를 도입하였다. 음식점에 부착된 QR코드를 스캔하면 수원시가 330여 개의 모범음식점을 지역별, 종류별로 소개한 블로그 페이지로 연결되며, 이곳에서 맛 정보와 메뉴, 가격 등 자세한 정보를 한눈에 볼 수 있도록 하였다.

아시아나는 기내지에 탑승권을 통한 할인 프로그램인 '매직보딩패스'의 소개에 QR코드를 삽입하여 회원들에게 매직보딩패스 관련 안내를 한글/영문/일문으로 제공하고 있다. 또한 아시아나의 중국인 관광객 전용기인 제주쾌선濟州快線 리플릿 및 중국 관련 자료에도 QR코드를 삽입하여 아시아나 중국노선 운항 스케줄을 중문으로 제공함으로써 중국인 고객들의 편의를 도모하고 있다. 이외에도 마일리지 적립 인터넷 쇼핑 중개몰인 샵앤마일즈 안내 등 다양한 서비스를 제공하고 있다.

수원 맛집 QR코드
출처 | suwon.joongboonews.com

아시아나 매직보딩패스 QR코드
출처 | mk.co.kr

엔터테인먼트 분야

엔터테인먼트 업계는 주요 고객이 스마트폰 사용자와 동일한 20~30대로서, 이들의 주목을 끌기 위한 목적으로 QR코드를 적극 활용하고 있다. 따라서 고객의 호기심을 자극하기 위하여 영화의 특징을 부각할 수 있는 독특한 디자인 QR코드를 제작하는 경우가 많다. 신문이나 지하철 등에 부착된 영화 포스터의 QR코드를 스캔하면 출연 배우, 줄거리, 스틸컷, 예고편 및 다양한 동영상을 바로 확인할 수 있다. 현재는 예매가 불가하지만 향후 QR코드를 기반한 다양한 결제 서비스가 제공되면 영화 정보를 확인하는 동시에 예매까지 가능해질 전망이다.

TV 드라마도 영화와 마찬가지로 젊은 시청자들의 관심을 유도하고 그들과 교감하기 위하여 디자인 QR코드를 제작하여 드라마 내용 미리 보기와 예고편 영상, 현장 사진, 트위터 읽기, 게시판, 이벤트 등 다양한 서비스를 제공하고 있다.

음악 분야의 경우 음반 매장에서 시디 케이스에 QR코드를 부착하여 고객들이 스마트폰으로 음악 샘플이나 뮤직비디오를 감상한 후 구매를 결정할 수 있게 하고 있다.

〈아이언맨2〉와 〈솔트〉 등은 포스터 하단에 검정색의 천편일률적인 표준 QR코드를 부착해 영화를 홍보하였다. 그러나 〈쏘우 3D〉는 영화의 전반적인 분위기를 느끼게 하는 차별화된 디자인 QR코드를 제작하여 QR코드만 보더라도 어떤 영화인지 한눈에 알 수 있도록 하였다. QR코드를 스캔하게 되면 현장에서 유튜브에 연결된 예고편 동영상을 실시간으로 감상할 수 있다.

〈쏘우 3D〉 영화 QR코드
출처 | piamo.kr (QR코드 디자인 by 피아모)

드라마 〈성균관 스캔들〉은 드라마 최초로 방송 화면과 제작진의 명함에 QR코드를 삽입하여 드라마를 홍보하였다. QR코드로 제작한 성균관 대문처럼 생긴 〈성균관 스캔들〉의 타이틀을 스캔하면 드라마 소개, 예고편 영상, 미리 보기, 현장 사진 등의 드라마 정보를 제공받을 수 있고 더불어 실시간으로 트위터에 참여할 수도 있다.

성균관 스캔들 QR코드
출처 | www.looloolala.com

케이블 TV 종합오락 채널 tvN은 〈연애빅뱅〉 프로그램에서 국내 방송 최초로 드라마 러닝타임 내내 QR코드를 노출하였다. 이 프로그램은 청춘들의 연애 드라마라는 소재에 착안하여 'QR코드'라는 용어 대신 '연애 코드'라는 명칭을 사용하였다. 시청자들은 방송을 보는 도중 언제든지 스마트폰을 이용해 우측 하단에 노출되는 '연애 코드'를 스캔하여 방송 일정, 출연진, 관련 웹사이트 및 이벤트 등 프로그램에 관한 상세한 정보를 얻을 수 있었다.

tvN 〈연애빅뱅〉 QR코드
출처 | sports.khan.co.kr

보아, 2NE1과 같은 국내 정상급 연예계 스타들의 앨범과 뮤직비디오, 인터뷰 영상 등이 QR코드를 통해 확산되어 팬들로부터 커다란 호응을 얻기도 했다. JYP 엔터테인먼트는 포털 Daum과 함께 연습생 공채 7기 오디션을 진행하며 QR코드를 활용하여 오디션을 홍보했다. JYP 엔터테인먼트는 QR코드를 삽입한 포스터 4만 장을 전국 각지에 배포 및 부착하였다. 오디션에 관심 있는 지원자가 QR

코드를 스캔하면 오디션에 대한 자세한 내용과 정보를 접할 수 있게 한 것이다.

　프로농구팀 서울 삼성썬더스는 농구가 열리는 시즌에 고객의 관심을 유도하기 위하여 지하철 역사 20곳에 QR코드가 접목된 무인 홍보대를 설치하여 홍보를 펼쳤다. 서울 삼성은 선수 소개 영상, 경기 일정, 홈경기 이벤트 안내 등을 담아 QR코드를 스캔하면 실시간으로 삼성 농구단의 소식을 볼 수 있도록 하였다.

서울 삼성썬더스 무인 홍보대
출처 | basketkorea.com

병원/의약 분야

병원 간 경쟁이 치열해지면서 병원 홍보를 위한 검색 키워드, 블로그 운영 등 인터넷 입소문 마케팅이 중요해지고 있다. 이와 더불어 최근 증가하고 있는 스마트폰 고객을 대상으로, 병원 홍보에 QR코드도 적극적으로 활용되는 추세이다.

인쇄 홍보물에 QR코드를 부착하여 병원 안내 및 시술에 관한 상세한 정보를 사진이나 동영상을 통하여 볼 수 있도록 하는 사례가 많아지고 있다. 또한 병원 내에 QR코드를 부착하여 환자들이 의사에 대한 정보부터 각종 질병의 종류나 검사 방법 등을 검토할 수 있게 도입하고 있다.

성형외과의 경우 고객이 시술 과정을 가상으로 체험할 수 있도록 하는 동시에 고객에게 신뢰감을 심어주기 위한 방안으로 QR코드가 활용되고 있다. 서울 강남 원진 성형외과는 수술별 설명과 수술 전후 사진, 동영상 등 다양한 성형정보를 QR코드로 확인할 수 있게 했으며, 벨리타 성형외과는 인터뷰 영상을 메인에 올려 방문자들이 고객 반응을 직접 들어볼 수 있도록 QR코드를 활용하고 있다. 부산 쉬즈 성형외과는 스킨케어 안내 브로슈어에 QR코드를 적용해 이해하기 어려운 시술 과정을 동영상으로 알기 쉽도록 제공하고 있다.

일부 안과와 성형외과 등 전문병원에서 시작된 의료기관 QR코드 서비스는 이제 서울대병원, 연세대 세브란스병원, 경희대 동서신의학병원, 관동대 명지병원 등 대학병원으로까지 점차 확대되고 있다.

세브란스병원 의사 정보 QR코드
출처 | iseverance.com

서울대학교병원에서는 교수 외래진료 시간표 상단과 하단에 QR코드를 삽입하여 언제 어디서나 교수의 진료시간을 확인할 수 있도록 하고 있다. 관동의대 명지병원은 2010년 11월부터 병원 전체 133개소에 QR코드를 부착하여 환자들에게 정보를 제공하는 수단으로 활용하고 있다. QR코드를 찍으면 해당 시설에서 어떤 검사가 이뤄지고, 어떤 의료기기가 있으며, 담당 의사와 간호사가 누구인지 확인할 수 있다.

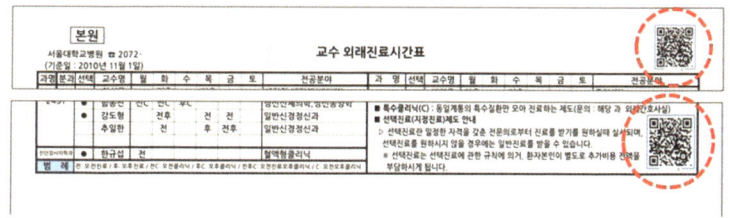

서울대병원 외래진료 시간표 QR코드

제약사는 고객들이 QR코드를 활용하여 약품 정보와 성능뿐만 아니라 사용법, 사용상의 팁, 주의사항 등을 쉽게 확인할 수 있도록 하고 있다.

제약회사 바이엘코리아는 아스피린 홍보책자 등에 QR코드를 부착했다. 단순히 아스피린을 홍보하는 목적이 아니라 주요 고객층인 의사들이 QR코드를 찍으면 10년 내 심혈관 질환 위험도 측정을 할 수 있도록 했다. QR코드를 찍으면 심혈관 측정 모바일 사이트로 이동해 나이대별로 콜레스테롤 및 혈압 수치 등 입력을 통해 남성은 심혈관 질환 10년 위험도, 여성은 뇌졸중 10년 위험도를 측정할 수 있다.

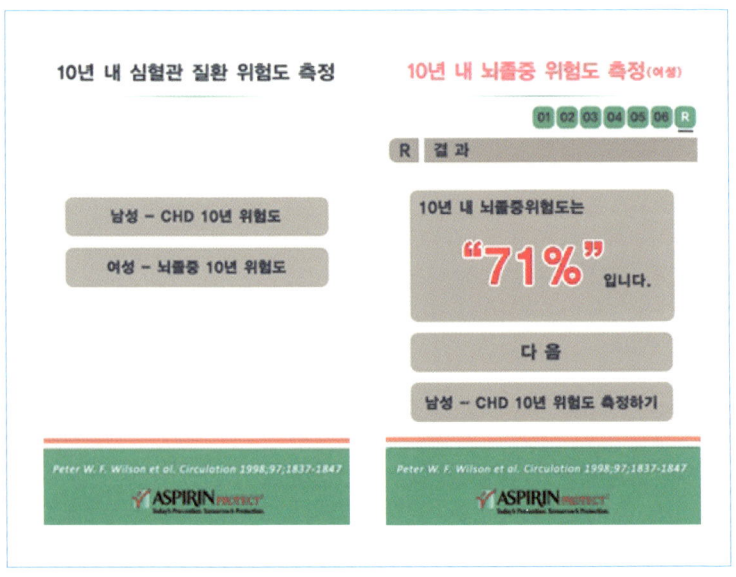

아스피린 모바일 페이지
출처 | blog.naver.com/tabikorea

지방자치단체

지방자치단체는 시민의 편의성을 높이고 지역 홍보를 위한 목적으로 적극적으로 QR코드를 활용하고 있다. 대중이 많이 이용하는 행정서비스, 공공시설, 버스정류장 등에 QR코드를 부착하여 행정정보와 교통정보를 편리하게 이용할 수 있도록 하였다. 더불어 외국 관광객 유치 및 특산물 홍보를 위한 목적으로도 QR코드를 도입하고 있다. 주요 관광지의 안내책자나 안내문에 QR코드를 부착하여 다양한 관광지 정보를 제공하고, 지역 특산물 종류와 생산지에 관한 정보를 상세히 제공해 지역경제 활성화를 도모하고 있다.

행정안전부를 따르면 서울시를 비롯해 부산시, 경상남도, 거제시, 아산시 등 20여 개 지방자치단체들은 단순히 QR코드로 해당 지자체 웹사이트를 연결하는 수준을 넘어, 관광지나 접객업소를 소개하거나 세금납부 정보 제공 등 주민과의 소통의 수단으로 QR코드 활용도를 확대하고 있다.

서울시는 시정 안내 및 홍보뿐만 아니라 모든 버스정류장에 QR코드를 적용하여 실시간으로 버스 도착 정보를 제공하고 있다. 시민들은 서울시의 전체 6,300여 개 정류소에 약 10,000개의 QR코드를 통하여 버스 도착 정보와 서울 관광 및 생활 정보를 확인할 수 있다. 또한 서울을 찾는 외국인들도 QR코드로 손쉽게 정보를 얻을 수 있게 하기 위해 영어, 일본어, 중국어(간체/번체) 등 다국어 서비스를 통해 추천 관광 코스 및 실시간 행사 정보를 제공한다. 말하자면 QR코드가 모바일 가이드 역할을 대신하는 셈이다.

서울시 버스정류장 QR코드

경기도는 행정정보에 신속하게 접근할 수 있는 QR코드를 개발해 각종 홍보물과 발간물에 삽입하고 있다. 경기도는 행정 분야별로 16종류의 QR코드를 만들었다.

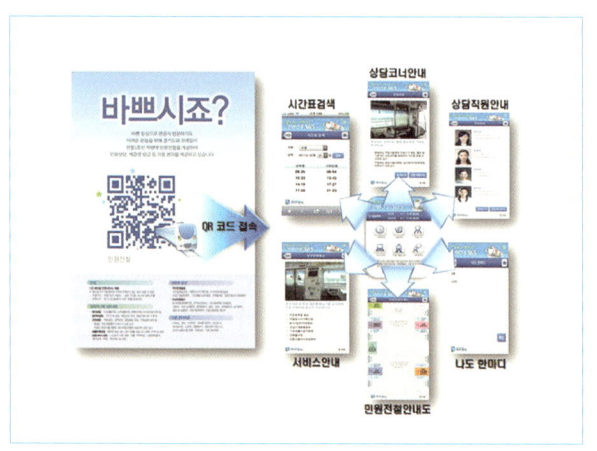

경기도 행정정보 QR코드

인천 계양구와 전남 순천시는 지방세 고지서에 QR코드를 활용한 지방세 납부 안내 및 홍보 시스템을 구축하여 언제 어디서든 전자 세금납부가 가능하도록 서비스를 제공하고 있다. 경남 창원시는 시정, 세무, 관광, 체납차량 단속 등 현장 행정 전반에 QR코드를 적용하고 있다.

부산 해운대구는 관광상품 홍보물, 공문서, 책자, 안내 간판 등에 QR코드를 넣어 지역 관광정보를 알리고 있다. QR코드를 스캔하면 해운대 12경, 문탠로드 등 주요 관광지를 소개하는 동영상을 볼 수 있고 숙박업소, 맛집, 온천 등 81개 관광업소에 대한 자세한 정보를 검색할 수 있다.

부산 해운대구 문탠로드 QR코드

진도군은 진도대파의 우수성과 특징 등을 홍보하기 위하여 롯데마트에 납품하는 진도대파 브랜드인 '이슬향'에 QR코드를 적용하였다. 마트에서 이 QR코드를 스캔하면 진도대파의 생산 기업에 대한 생산, 가공, 유통 등 전 과정을 구매 현장에서 바로 확인할 수 있어 고객이 믿고 구매할 수 있도록 하고 있다. 함안군의 경우 수박에 직접 QR코드를 부착하였다. QR코드를 활용해 함안수박의 산지인 월촌마을의 수박 생산 과정을 담은 동영상 정보를 제공하고 있다.

진도군 진도대파 QR코드

이외에도 아산시, 거제시, 진주시, 하동군 등 많은 곳이 일본 관광객을 적극 유치하기 위해 문화, 축제, 관광, 음식 등에 관한 다양한 관광정보가 담긴 관광 QR코드를 적용하고 있다.

3 국외 QR코드 활용 현황 및 사례

국외 QR코드 활용 현황

스캔라이프ScanLife가 2010년 12월에 발표한 '모바일 바코드 트렌드 보고서Mobile Barcode Trend Report'를 따르면 기존 바코드 및 2차원 바코드를 포함한 모바일 바코드 활용도는 2009년 1%에서 15%로 크게 상승한 것으로 나타났다.

이는 스마트폰 보급 확대와 인식 기술의 발달에 따라 사용자가 손쉽게 바코드를 스캔할 수 있게 된 결과로 볼 수 있다. 조사 결과 응답자의 94%가 스마트폰 사용자이며 이 중 대략 30~40%가 QR코드 등을 스캔할 수 있는 앱을 다운로드한 경험이 있는 것으로 조사되었다.

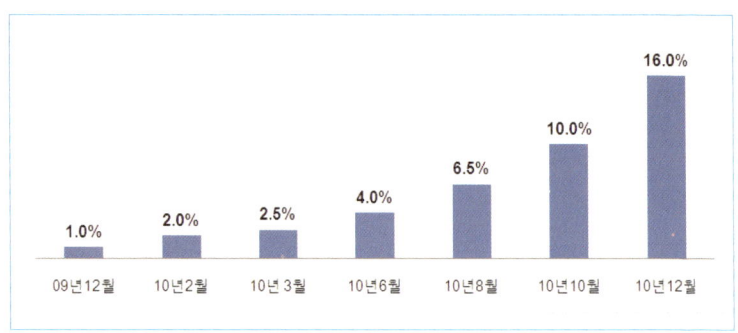

모바일 바코드 이용 비교성장률
자료 | 스캔라이프

MSKYNET의 2010년 3월 단말기 플랫폼별 이용 현황 조사 결과에서는 단말기 중 아이폰이 34%로 가장 많았으며 다음으로 안드로이드가 29%를 차지했다.

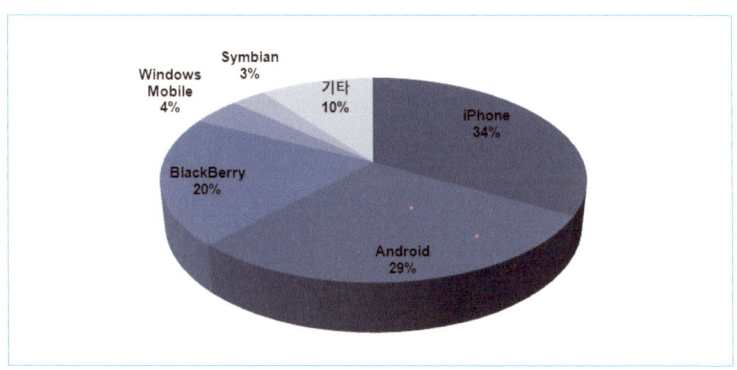

QR코드 이용모바일 단말기 현황
자료 | MSKYNET

스캔라이프의 2010년 9월 조사 결과를 보면 QR코드 활용은 85%가 모바일 웹사이트 주소를 링크하는 용도였으며, 이외 메뉴, 명함, 복권 등에도 광범위하게 이용되고 있다.

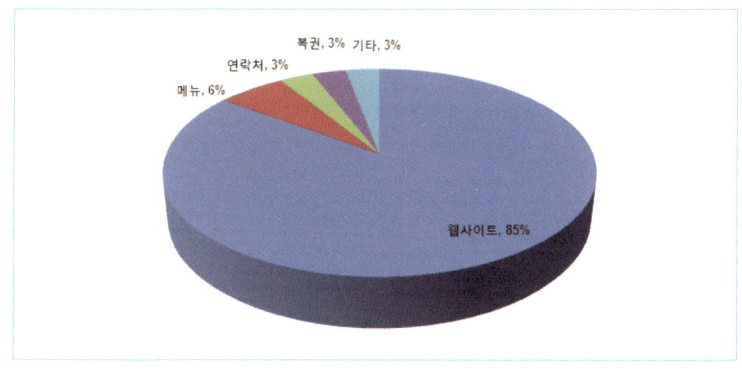

QR코드 활용 분야
자료 | 스캔라이프

광고대행사인 오스틴 앤 윌리엄스(Austin & Williams)가 2010년 11월에 내놓은 조사 결과를 보면 QR코드를 봤거나 들어본 사람은 52%이며 스마트폰 등을 이용해 QR코드를 스캔해본 경험을 가진 사람은 28% 정도인 것으로 나타났다.

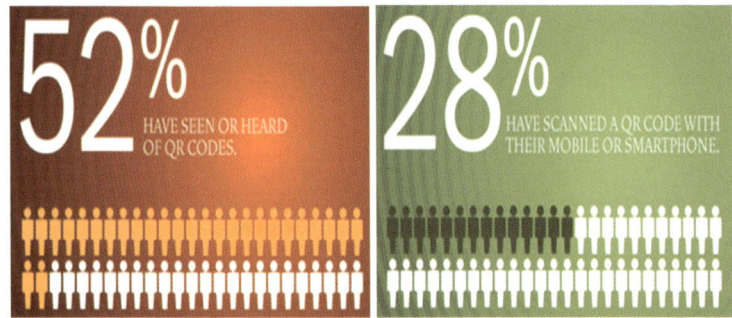

QR코드 이용 경험 현황
출처 | www.austin-williams.com

MSKYNET이 2010년 3월 발표한 국가별 QR코드 활용도 조사 결과를 살펴보면 미국이 52%로 가장 많이 이용하고 있으며 다음으로 영국(7%), 독일(6%), 캐나다(5%) 순서였다.

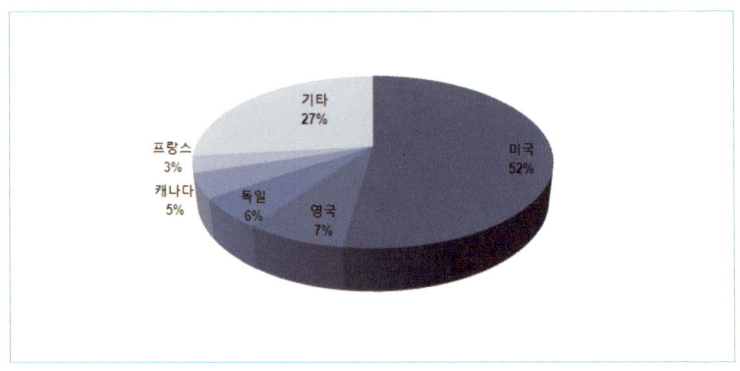

QR코드 이용국가 현황
자료 | MSKYNET

스캔라이프의 2010년 12월 조사 결과를 보면 QR코드 이용 남녀 비율은 7:3으로, 주로 남자가 많이 이용하고 있으나 여성 이용자도 꾸준히 늘어나 2010년 9월 대비 13%나 증가하였다. 주요 사용연령층도 35~54세 그룹이 25%나 증가하여 점차 QR코드 사용연령층이 확대되고 있다.

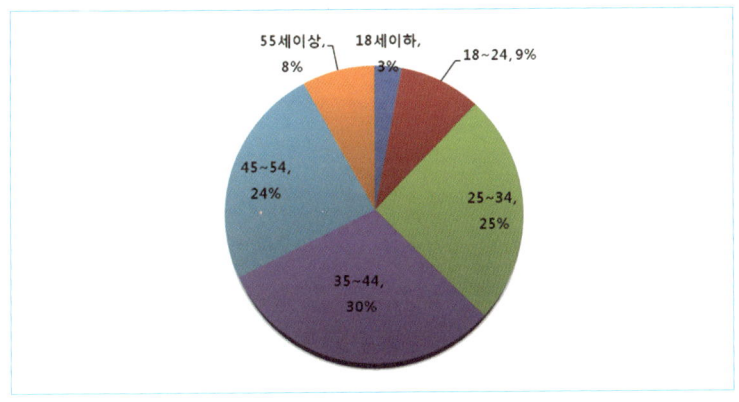

모바일 바코드 주요 사용연령층
자료 | 스캔라이프

2010년 11월 오스틴 앤 윌리엄스가 발표한 QR코드를 스캔한 장소에 대한 조사 결과를 보면, 인쇄 광고(48%), 신문/잡지(43%), 인터넷(40%)의 순서로 나타났다.

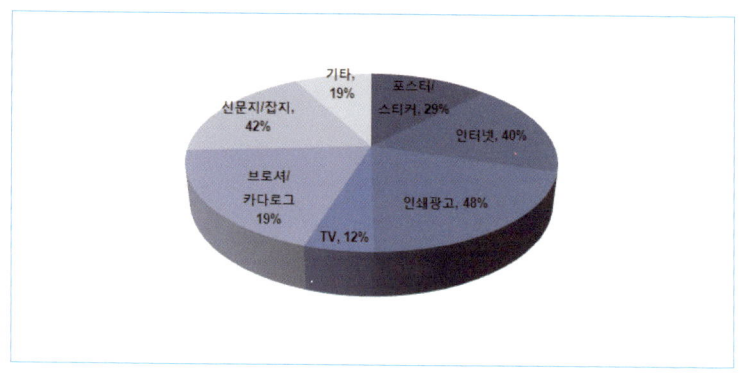

QR코드 스캔 장소
자료 | 오스틴 앤 윌리엄스

MSKYNET이 조사한 결과를 따르면 일주일 중에서 QR코드를 가장 많이 이용하는 요일은 목요일(15.1%로)로 나타났다. 이는 인터넷 쇼핑몰에 가장 많이 방문하는 요일과 동일한 것이다. 주로 이용하는 시간대는 오후 12~2시였다.

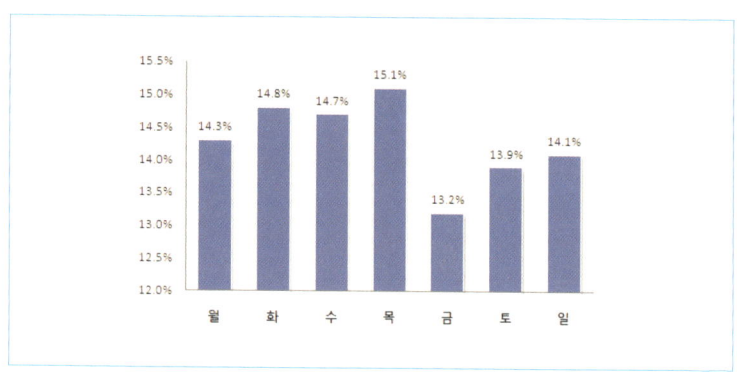

요일별 QR코드 이용 현황
자료 | MSKYNET

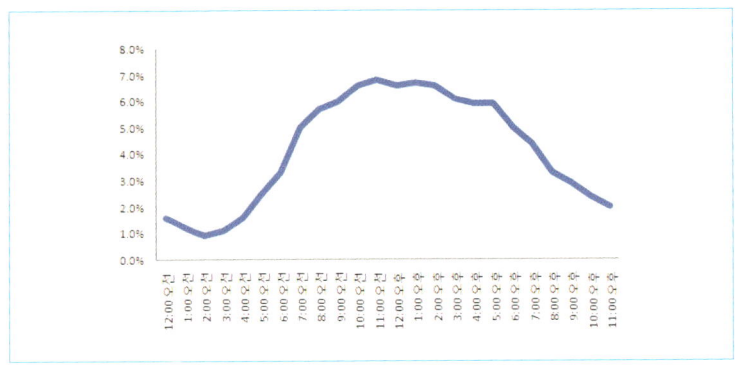

시간대별 QR코드 이용 현황
자료 | MSKYNET

일본 QR코드 활용 현황

QR코드의 원조국 일본에서는 카메라폰이 처음 보급될 때부터 QR코드를 읽을 수 있는 기능이 탑재되어 있었다. 이에 따라 다양한 인쇄 매체 및 생활 곳곳에서 QR코드를 활용한 다양한 서비스가 광범위하게 확산되었다. 일본의 경우는 80% 이상이 QR코드 서비스를 이용할 정도로 QR코드가 대중화되어 있다.

일본 최초의 QR코드 대응 휴대폰은 2002년에 등장한 샤프의 J-SH09였다. 이후 NTT 도코모DoCoMo가 505i 시리즈 공통으로 QR코드 기능을 채택했으며, KDDI에서도 2004년부터 QR코드 단말기를 출시하며 QR코드가 본격적으로 활성화 되었다.

일본 MMD 연구소에서 2010년 8월에 QR코드를 통한 모바일 사이트 방문 경험 조사 결과를 발표했는데, 이 조사에서 대상의 약 90%가 QR코드를 통하여 모바일 사이트를 방문한 경험이 있는 것으로 나타났다.

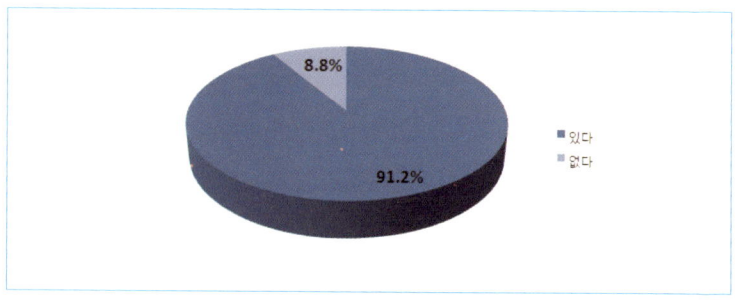

QR코드 모바일 사이트 방문경험
자료 | 일본 MMD 연구소

같은 조사에서 QR코드를 주로 이용하는 경로는 잡지 기사나 광고가 71.7%로 가장 많았으며, 다음으로 음료수 등의 상품 포장지가 67.6%, 음식점 메뉴와 상자 등을 통해서가 49.2% 순으로 나타났다.

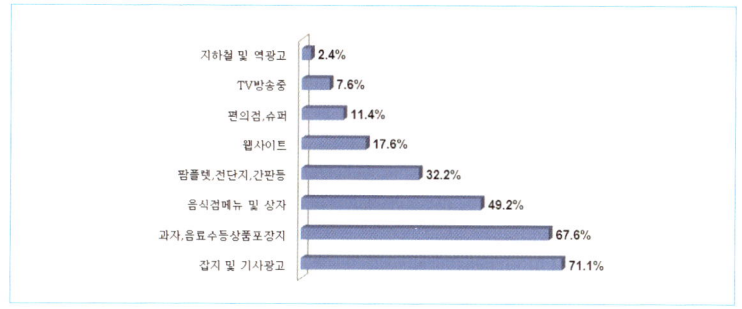

QR코드 이용 경로
자료 | 일본 MMD 연구소

또한 모바일 리서치 업체 넷아시아Net-Asia가 2008년 3월에 발표한 조사 결과를 따르면 QR코드 활용은 웹사이트 접속 79.3%, URL 북마크 24.5% 모바일 쿠폰 12.4% 등의 순서로 나타났다.

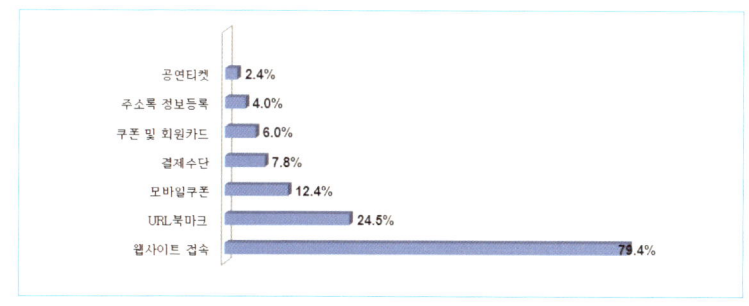

일본 QR코드 활용
자료 | 넷아시아

국외 QR코드 비즈니스 활용 사례

외국의 경우 QR코드가 마케팅 및 광고 홍보 목적으로 가장 많이 활용되고 있다. 주요 글로벌 기업과 유통업체들은 인쇄 매체 및 옥외광고 등에 QR코드를 부착하여 마케팅 캠페인 홍보에 적극적으로 활용하고 있다.

  이탈리아의 명품 브랜드 펜디FENDI는 신문광고에 QR코드를 활용하였다. 광고의 좌측 하단에 QR코드를 인쇄하여 고객이 리더기로 인식하면 제품 웹사이트로 이동하도록 하였다. 소비자는 광고에 사용되고 있는 제품뿐만 아니라 브랜드의 타 제품에 관한 정보도 제공받을 수 있다.

FENDI 신문 QR코드
출처 | www.nickburcher.com

뉴욕시는 쓰레기 수거 차량 2,200대에 QR코드를 부착하여 공공 캠페인에 활용하고 있다. QR코드를 스캔하면 뉴욕시에서 제작한 〈The Green Apple: Recycling〉이라는 동영상을 볼 수 있도록 제공하여 이를 통해 쓰레기 재활용에 관한 뉴욕시의 활동을 널리 홍보하고 있다.

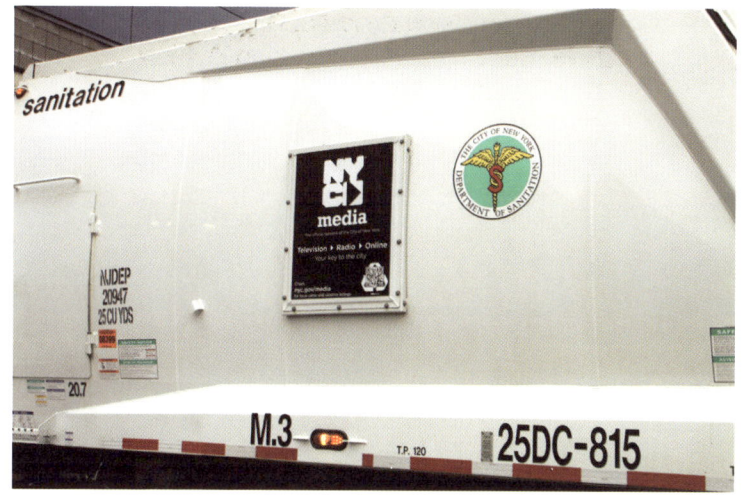

뉴욕시 청소차량 QR코드
출처 | www.chipchick.com

유명 청바지 브랜드 캘빈클라인Calvin Klein Jeans은 2010년 신규 가을 시즌 광고 캠페인을 홍보하기 위하여 뉴욕에 붉은색 대형 QR코드 이미지 옥외광고를 설치하였다. QR코드를 스캔하면 캘빈클라인의 40초짜리 광고 동영상을 볼 수 있는 페이지로 연결되며 페이스북 및 트위터 같은 소셜미디어를 통해서 동영상을 공유할 수 있도록 하였다.

캘빈클라인 QR코드 옥외광고
출처 | forbes.com

미국 백화점 JC페니는 2009년 9월부터 QR코드 기반 쿠폰 서비스를 활용하고 있다. 휴스턴시의 16개 매장의 우수회원들을 대상으로 웹사이트나 SMS로 발송된 QR코드 쿠폰을 다운로드하여 휴대폰에 저장한 후 매장 계산대에서 리더기로 인식시키면 현장에서 바로 할인을 받을 수 있다. QR코드 쿠폰은 현재 전국 1,100여 개 매장에서 활용되고 있다.

JC페니 쿠폰 QR코드
출처 | activerain.com

스타벅스는 2009년 9월부터 스마트폰 기반의 QR코드를 활용한 모바일 결제 시스템을 도입하여 실리콘 밸리 및 시애틀에 있는 16개 매장을 대상으로 테스트하였다. 스타벅스 카드앱을 활용하여 스타벅스 카드에 캐시를 충전한 후 매장을 방문하여 구매하고자 하는 상품의 구매 버튼을 클릭하면 QR코드가 화면에 나타난다. 화면에 나타난 QR코드를 매장 안에 있는 QR코드 스캐너로 인식시키면 지갑을 꺼내지 않고 바로 결제가 이루어진다. 그러나 스타벅스는 2011년에 미국 전역으로 모바일 코드 결제 시스템을 확대하면서 QR코드 대신 PDF417 코드를 채택하였다.

스타벅스 QR코드 결제
출처 | 2d-code.co.uk

구글은 지역 서비스를 '구글 플레이스'로 이름을 바꾸고 지역의 상점이나 매장 등에 20만 장의 QR코드 스티커를 배포하였다. 그리고 이들 매장에 대한 상세한 정보(전화번호, 위치, 스트리트뷰 등) 및 평가 정보를 볼 수 있게 했다. 고객들은 매장 출입구에 부착된 QR코드 스티커를 스캔하여 가게를 즐겨찾기에 등록할 수 있으며, 매장에서 제공하는 쿠폰 같은 다양한 혜택을 즉석에서 받을 수 있다.

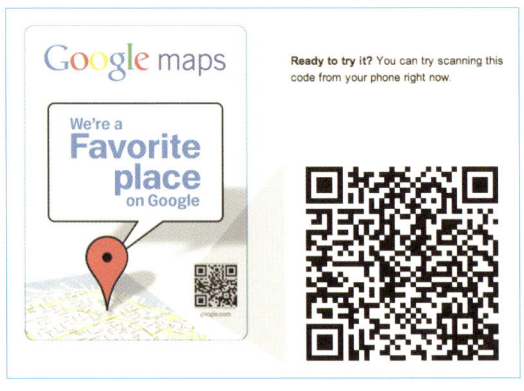

구글 플레이스 QR코드
출처 | inkjet-lab.com

의류 업체 라코스테Lacoste는 자사가 후원하는 테니스 경기인 ATP 월드투어를 홍보하기 위해 매장 내 쇼윈도에 QR코드를 부착하여 이를 스캔하면 〈라코스테 챔피언십〉이라는 테니스 게임을 즐길 수 있도록 하였다.

라코스테 쇼윈도 QR코드
출처 | nickburcher.com

영국에서는 소매 업체 마크스 앤 스펜서Marks & Spencer가 발 빠르게 QR코드를 도입했다. 마크스 앤 스펜서는 2009년에 출시한 과일 음료 병에 QR코드를 부착하여 이를 통해 단순한 상품 정보뿐 아니라 제품에 대한 스토리를 제공했다. 또한 소비자가 직접 시음 후기도 올릴 수 있도록 함으로써 QR코드를 소비자와의 커뮤니케이션 채널로 활용하였다.

  네덜란드 암스테르담에 있는 베스터가스파브리크 문화공원은 공원 내 건물들에 QR코드를 부착하여 이를 스캔하면 누구나 건물의 이력을 볼 수 있도록 제공하고 있다. 각각의 건물에 부착된 QR코드를 스캔하면 건물이 옛날에는 어떤 용도로 쓰였고, 실제 이름은 무엇인지 등을 알 수 있어 안내책자 없이도 손쉽게 역사 정보를 접할 수 있도록 하였다.

베스터가스파브리크 문화공원 건물 QR코드
출처 | www.westergasfabriek.nl

캐나다에 있는 케이시스 그릴Casey's Grill 레스토랑은 메뉴판에 QR코드를 활용하여 손님이 식사를 주문하기 전에 음식 정보를 알 수 있도록 활용하고 있다. 메뉴판에 있는 QR코드를 스캔하면 영양정보, 알레르기 정보 등 음식에 관한 상세정보뿐만 아니라 식사에 맞는 추천 와인도 확인할 수 있다.

케이시스 그릴 레스토랑 메뉴판 QR코드

출처 | www.umain.kr

인터넷에서 모바일로 서비스 및 사업 영역을 확장하면서 고객 접근성을 강화하기 위하여 QR코드를 도입하는 사례도 많아지고 있다. 영국 BBC 방송은 모바일 분야로 사업을 확장하면서 QR코드를 통해 TV나 라디오로 바로 연결할 수 있도록 자사 로고를 이용하여 QR코드를 만들어 홍보하고 있다.

영국 BBC방송 QR코드

구글은 이미지 검색 앱인 〈고글스Goggles〉에 QR코드를 인식할 수 있는 기능을 추가하기도 했으며, 이베이eBay는 바코드 스캔 앱 〈레드레이저RedLaser〉를 인수한 후 QR코드 인식 기능을 추가하여 가격비교, 쿠폰 서비스 등 이베이의 다양한 모바일 서비스에 QR코드를 적용하고 있다.

일본 QR 코드 비즈니스 활용 사례

일본에서 QR코드는 이제 보편화되어 길거리의 간판 안내문이나 버스정류장에 이르기까지 흔히 볼 수 있다. 또한 금융, 유통, 항공뿐만 아니라 애완동물 관리와 심지어 개인 묘지의 비석에까지 다양하게 활용되고 있다.

  NTT 도코모는 개인 명함 서비스 및 소액결제 수단을 활용하여 QR코드를 보편화하는 역할을 하였다. 특히 일본 전역에 걸쳐 편의점, 자동판매기, 위락시설 등지에 QR코드를 결제 수단으로 활용할 수 있게 하였다.

  일본의 은행 및 신용카드 회사들은 QR코드를 활용하여 다양한 결제 서비스를 제공하고 있다. 현재는 라쿠텐은행楽天銀行에 인수된 이뱅크e-Bank는 청구서에 인쇄된 QR코드를 휴대폰 카메라로 스캔하여 은행 계좌를 통해 결제하는 'EZ애플리케이션' 서비스를 제공한 바 있다. 이와 유사하게 NTT 컴웨어Comware는 상품에 부착된 QR코드를 통해 신용카드를 결제할 수 있게 하는 '이지두Easy Do' 서비스를 제공하고 있다.

  또한 라쿠텐은행은 QR코드를 통해 복권 구입이 가능하게 하였고, 도쿄해상 니치도 보험사는 QR코드를 통해 입금 정보와 계약정보 등의 조회가 가능하고 보험계약 체결 시 휴대폰을 활용한 신용카드 결제가 가능하도록 서비스를 제공하고 있다.

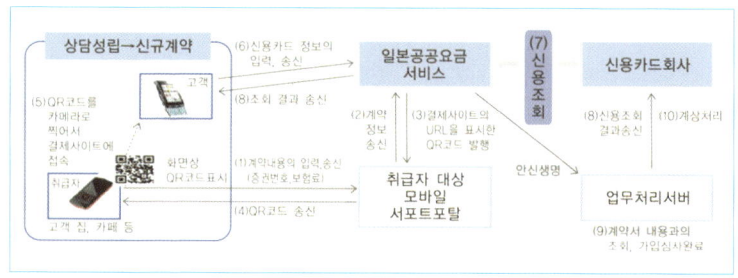

도쿄해상 니치도 보험사 프로세스

출처 | 〈신한리뷰〉 2010년 10월호

항공 분야에서는 항공권 티켓에 QR코드를 도입하여 간편하고 편리하게 고객들이 발권 서비스를 이용할 수 있도록 하고 있다. 전일본공수ANA는 2004년 12월부터 항공권 예매에 PC와 휴대폰을 도입하고 발권은 휴대폰 QR코드 휴대폰을 통해 수행하는 '스마트 e티켓'서비스를 제공하고 있다.

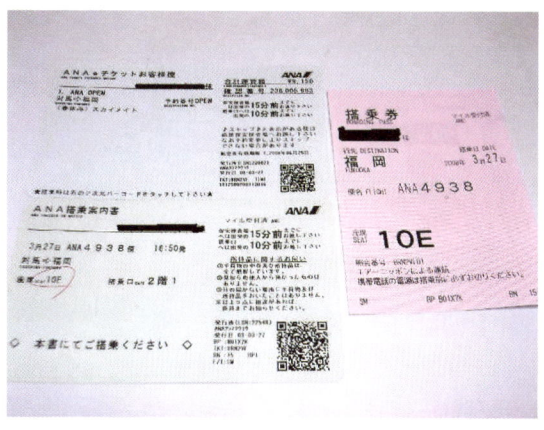

ANA 스마트 e티켓

출처 | ana.co.jp

지방자치단체의 경우 시민들의 편의와 지역경제 활성화를 위하여 행정서비스, 교통 및 관광 안내 등의 다양한 용도로 QR코드를 활용하고 있다.

도쿄 다이토구는 보도에 QR코드를 붙여 관광객들이 손쉽게 길을 찾을 수 있도록 하고 있다. 길 안내와 QR코드를 함께 부착한 수지시트 14개를 관광지 올라가는 보도에 설치한 것이다. QR코드를 통해 야나카 묘지나 오카쿠 천심 기념공원 등 관광명소까지의 길 안내와 공공화장실의 위치를 제공한다. 외국인이나 노인 등이 길을 찾기 쉽게 가파른 언덕길이나 계단의 위치 등도 함께 안내해주고 있다.

다이토구 보도 QR코드
출처 | www.nikkei.com

유통업체의 경우 전단지나 카탈로그를 활용하여 소비자나 판매원에게 제품 정보를 제공하는 데 활용하고 있다. 각종 부품 및 DIY 전문 제조업체 야하타네지는 수만 종에 이르는 상품 정보를 디지털 카탈로그에 담아 QR코드를 통해 고객이 접속해 일람할 수 있도록 하였다. 홈 센터에서 판매하는 자사 제품에도 QR코드를 인쇄해 고객이 휴대폰으로 코드를 인식하면 판매원을 대신해 제품 정보를 제공한다.

대형 할인매장과 백화점들은 식품에 QR코드를 부착하여 소비자가 직접 생산자 정보를 확인할 수 있도록 제공하고 있다. 2004년 9월부터 일본의 대형 유통업체 자스코JASCO는 '톱 밸류Top Value'라는 브랜드로 일본 내 우수 농가와 계약을 맺고, 농산물을 생산한 농가, 사용한 농약 및 비료 정보, 요리법 등 생산부터 유통에 이르는 전 과정의 생산 정보 이력을 QR코드를 통해 공개하고 있다. NTT 도코모의 자회사인 도코모 센츠와 수산청 산하 해양수산시스템협회는 회나 생선 요리의 주재료로 쓰이는 생선의 포획 장소나 포획 당시 신선도 등을 QR코드에 기록해 소비자가 슈퍼마켓이나 음식점 등에서 휴대폰으로 확인할 수 있도록 하고 있다.

자스코의 QR코드
출처 | jasco.co.jp

길 잃은 애완동물을 쉽게 찾을 수 있는 애완동물 안심서비스에도 QR코드가 활용되고 있다. 'Q-Ret' 서비스는 애완동물 주인의 주소 및 연락처 등의 정보를 담은 QR코드 목걸이를 애완동물에게 부착하여 보관소에 맡겨진 애완동물들의 정보를 빠르게 확인할 수 있도록 해준다.

애완동물용 목걸이 QR코드

와카야마현 교육위원회는 학생들의 고민 상담에 QR코드를 활용하고 있다. 학생들이 언제 어디서나 편리하게 상담할 수 있도록 QR코드가 부착된 명함 상담 카드를 초중고생 대상으로 13만 매를 배포하였다. 이 결과 기존 웹사이트를 통해서 홍보할 때 1건이었던 상담 건수가 명함 카드를 배포한 지 10일 만에 54건으로 급증했다.

와카야마현 교육위원회 명함 상담 카드
출처 | yahoo.co.jp

일본의 비석 판매 회사인 바위소리石の声는 비석에 QR코드를 부착해 고인의 사진이나 생전의 기록들을 볼 수 있도록 하고 있다.

QR코드 부착 비석
출처 | bcnranking.jp

부록

유용한 사이트들

1 QR코드 마케팅 관련 사이트

QR코드 공식 사이트 | www.qrcode.com/ko

덴소웨이브의 QR코드 한국어 공식 사이트로 QR코드의 특징, 규격, 활용예 등을 볼 수 있다.

黃家의 마케팅 탐구 | www.umain.kr

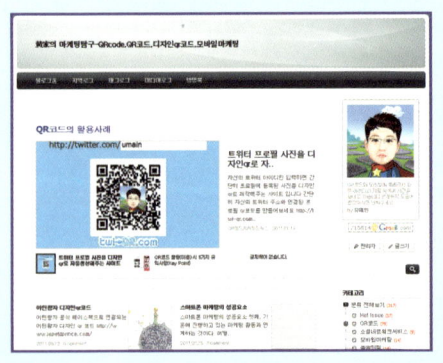

국내외 QR코드 관련 사례를 소개하고 디자인 QR코드에 관한 내용도 다루는 국내 블로그.

2d code | 2d-code.co.uk

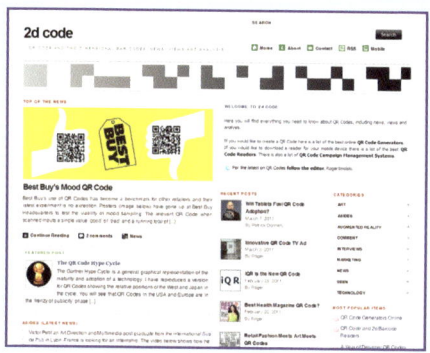

다양한 QR코드 활용 전략 및 사례, 뉴스 등을 체계적으로 정리해놓은 곳.

2D Barcode Strategy | 2dbarcodestrategy.com

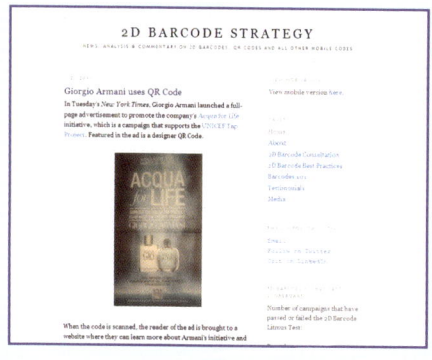

QR코드를 활용한 다양한 사례를 소개하고 자체 평가기준에 맞추어 분석하고 평가하는 블로그.

ScanLife 공식 블로그 | blog.scanlife.com

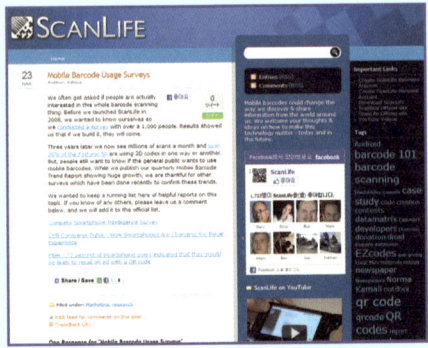

바코드 및 2D 코드 관련한 솔루션을 제공하는 'ScanLife'의 공식 블로그.

That's GREAT! | blog.greattv.com

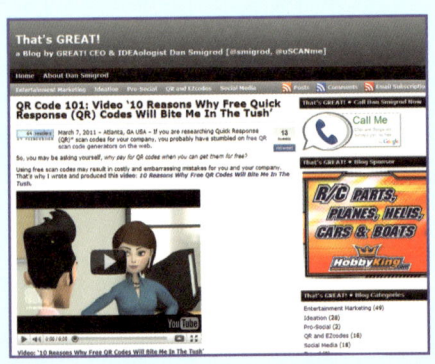

마케팅 업체 'GREAT!'에서 운영하는 공식 블로그로 「101가지 QR코드 활용법」, 「미국 최고의 2차원 바코드 사례 베스트 10」 등 방대한 QR코드 자료가 체계적으로 정리되어 있다.

The BarCode News | www.barcode.com/qrcode2d

2차원 바코드 및 QR코드에 관한 다양한 뉴스를 제공하는 사이트.

QR코드 관련 정보 | xn--qr-yh4atdxl.blogspot.com

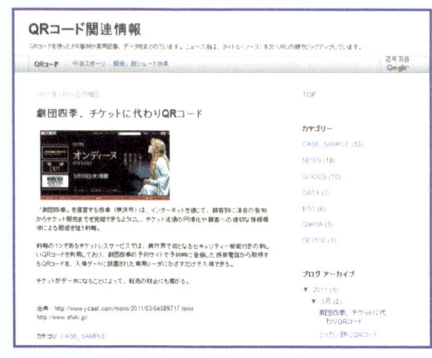

일본 내 QR코드를 이용한 PR 사례, QR코드 관련 업체 등 여러 정보를 제공하는 블로그.

페이스북 QR Code | www.facebook.com/QRCode

QR코드 관련 주제로 다양한 정보를 교류하는 QR코드 전문 페이스북 페이지.

마켓캐스트 | www.marketcast.co.kr

QR코드를 비롯한 마케팅 전략을 다루는 저자의 블로그.

2 디자인 QR코드 관련 사이트

Warbasse Design | www.warbassedesign.com

〈아이언맨〉, 〈트론〉, 〈트루 블러드〉 등의 감각 있는 QR코드를 제작한 업체인 'Warbasse Design'의 사이트.

SET Japan | www.setjapan.com

디자인 QR코드의 새로운 영역을 개척했다고 평가받는 'SET Japan'의 사이트.

즐거운회사 | www.looloolala.com

〈성균관 스캔들〉, 서울시 디자인 한마당, 스카이 등의 QR코드를 제작한 '즐거운회사'의 사이트.

QR Arts | qrarts.com

QR코드를 활용해 사용자 경험을 높이는 동시에 다양한 디자인의 가능성을 선보인 업체.

3 QR코드 로그분석 사이트

비트리 통계 분석 | bit.ly

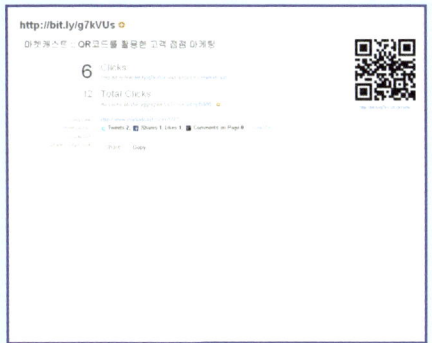

본문에서 언급한 것처럼 bit.ly 사이트에서 URL을 단축한 경우 축약된 URL을 통해 얼마나 많은 방문자가 들어왔는지 등의 통계를 무료로 확인할 수 있다.

쿠루쿠루 기업 통계 | qrooqroo.com

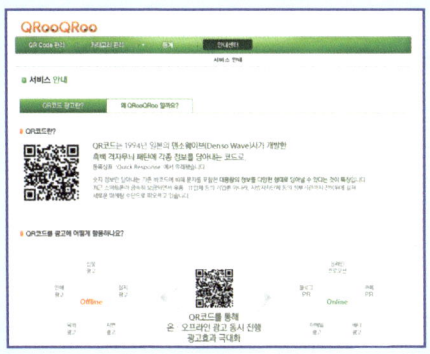

쿠루쿠루(QRooQRoo)는 기업회원에 한해 자사를 통해 만든 QR코드의 기간별, 지역별, 단말기별 통계 분석을 제공한다. 전체 URL은 http://partner.qrooqroo.com/cm/cmlnfo1.do이다.

로거 분석 서비스 | logger.co.kr

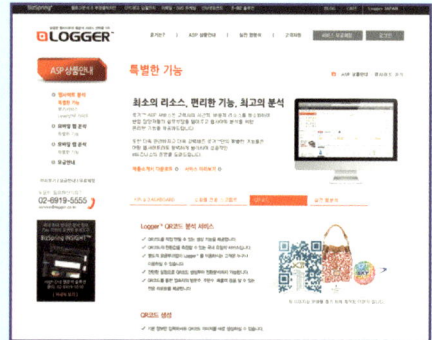

'로거'는 전문 웹사이트 분석 업체로서 로그분석 서비스 이용자에 한해 무료로 QR코드 생성 서비스와 그에 대한 마케팅 통계를 제공한다. 접속자 방문수, 주문수, 매출액 등을 확인할 수 있다.

구글 단축 URL 통계 서비스 | goo.gl

구글의 URL 단축 서비스를 이용해 축약한 URL은 시간별, 일별, 주별, 월별 단위로 통계를 확인할 수 있다. 유입경로는 물론 방문자의 국가, 브라우저, 운영체제까지 알 수 있어 더욱 유용하다.

스마트폰 시대의 마케팅 기회

QR코드
마케팅

초판 1쇄 발행 | 2011년 4월 6일

지은이 | 김형택
펴낸이 | 이은성
펴낸곳 | e비즈북스
편집 | 이상복
디자인 | 정혜선

주소 | 서울시 관악구 인헌동 1655-14 영수빌딩 2층
전화 | (02)883-9774
팩스 | (02)883-3496
E-mail | ebizbooks@hanmail.net
등록번호 | 제379-2006-000010호

ISBN 978-89-92168-61-8 03320

e비즈북스는 푸른커뮤니케이션의 출판브랜드입니다.